Theodor Rodowicz-Oswiecimsky

Aus dem Leben und Treiben des Königlich Preussischen berühmten und

berüchtigten General Staff

Theodor Rodowicz-Oswiecimsky

Aus dem Leben und Treiben des Königlich Preussischen berühmten und berüchtigten General Staff

ISBN/EAN: 9783743404205

Hergestellt in Europa, USA, Kanada, Australien, Japan

Cover: Foto ©ninafisch / pixelio.de

Theodor Rodowicz-Oswiecimsky

Aus dem Leben und Treiben des Königlich Preussischen berühmten und berüchtigten General Staff

Inhalt.

I.

General Staff in seiner Kindheit.

Es war im glorreichen Jahre 1870—1871, als ein gescheidter Zeitungs = Correspondent die ungeheure Ente auf den Markt brachte: ein Engländer fahre in Frankreich umher, um mit eigenen Augen — natürlich mit Monocle und Binocle bewaffnet — den berühmten General Staff zu schauen, von dessen fabelhafter Thätigkeit tagtäglich in den Schlacht= und Zeitungsberichten zu lesen war.

Hui! das war doch einmal wieder eine Nach= richt, über die man sich amüsiren konnte. Große und kleine Blätter und Blättchen druckten die pikante Mittheilung nach, vom unwissenden Engländer, der es sich einen ganzen Sack voll Pounds kosten ließ, um sich den Hochgenuß zu verschaffen, das neue Weltwunder, den gepriesenen preußischen Herrn General Staff zu sehen, ihn zu besuchen, ihn an= zustieren und wo möglich um einen Rockzipfel als

kostbare Reliquie zu bitten, nöthigenfalls ihm solchen
hinterrücks abzuschneiden.

„Nee, so'n Ochse!" rief ein Berliner Schuster=
junge aus, nachdem er die Dummheit des Eng=
länders überlegen belacht hatte; „weeß der Schafs=
kopp nich mal, daß der jroße Jeneralstab, denn
den meent er doch, des Jebäude neben Kroll im
Thiergarten is, un keen Jeneral nich, der Staff
heeßt. — Vor so dümlig hätte ick die Engländers
doch nich gehalten!" — „Nee, ick och nich," er=
gänzte ein anderer, „det weeß hier doch jedes Kind,
deß, wenn von den Jeneralstab in den Zeitungen
die Rede is, daß denn die Jeneralstäbler mit die
ponceaurothen Kragen un be breeten Streefen an
die Hosen jemeent sind!"

Wie gesagt, die Ente war einmal losgelassen
und sie watschelte über ganz Deutschland hin, zum
Vergnügen der klugen Leute, welche dieselbe nicht
an dem Gefieder erkannten, sondern sie für einen
funkelnagelneuen Vogel hielten. Niemand dachte
daran, daß der selige Meidinger schon ähnliche
Quiproquos ergötzlich erzählt hatte. Man lachte
eben, am meisten aber der pfiffige Zeitungs=Corre=
spondent, der selber kaum geglaubt hatte, daß der
alte, mit neuer Sauce aufgewärmte Witz solches
Furore machen, so dankbar acceptirt werden würde.

Der Unsinn der Lüge lag ja auf der Hand.

Die Engländer haben zwar keinen besondern General=
stab, wie die Preußen, oder wie die Franzosen in
ihrem „l'Etat-Major Général", aber sie haben für
ihre größeren Truppenkörper einen „Head-Quarters-
Staff", einen „General=Quartiermeister=Stab", wie
die Oesterreicher; sie haben ferner die gewöhnlichen
„Staffs", die aus den höheren Commandeuren und
ihren Adjutanten bestehen. Der Engländer verbindet
daher mit dem Ausdruck „Staff" einen ganz ähn=
lichen Begriff, wie wir mit Stab, und auch dem
dümmsten derselben wird es nicht einfallen, nach
dem General „Stab" zu recherchiren, nachdem er
sich diesen Stab bereits richtig mit Staff über=
setzt hat.

Doch, warum den Leuten den Spaß verderben?
Gehen wir vielmehr auf denselben ein und betrachten
wir den preußischen, resp. den deutschen „Großen
Generalstab" als eine Person. Wir sind heutzutage
ja dazu berechtigt. Gibt es nicht viele große Ge=
sellschaften — wie alle Actiengesellschaften — die als
eine Person, und zwar als eine „juristische" be=
zeichnet und betrachtet werden? Gibt es nicht viele
Gemeinschaften und Vereine, die als „moralische
Personen" Geltung haben? Warum sollen wir
denn den Großen Generalstab nicht auch als eine
Person gelten lassen, deren juristische und moralische
Eigenthümlichkeiten bei den Herren Franzosen aller=

dings ein verzweifeltes Kopfschütteln hervorgerufen
haben. Wer kann es ihnen verdenken? Die ver=
maledeite Person des Herrn General von Staff soll
sich jenseits des Rheins und der Vogesen höchst un=
moralisch betragen haben. Und juristisch? Na, ich
bitte zu grüßen! Steckt diese Person, diese un=
moralische, so ohne weiteres die beiden Hausthür=
schlüssel von Straßburg und Metz in die Tasche
und sagt bloß: „die gehören uns, die haben einen
deutschen Bart!" Ist das etwa juristisch?!

Wir müssen eingestehen, daß auf den Monsieur
Staff ein eigenthümliches, ich will nicht gerade
sagen, ein höchst zweideutiges Licht fällt. Doch
hüten wir uns vor einem übereilten Urtheil. Dem
Kerl ist nicht zu trauen; er ist klug, fein, schlau
und könnte uns auf die Finger klopfen, wenn wir
ihm böse Dinge nachsagen; dabei ist er leider nur
zu thatkräftig und energisch, wenn er erst einmal
angefaßt hat. — Also keine Ueberstürzung! Seien
wir juristisch und moralisch, aber auch gründlich
bei der Untersuchung über Geburt, Alter, Er=
ziehung, Kindheit und Mündigkeit des berüchtigten
und berühmten Herrn Staff. — Also: „vor's Brett"
mit ihm! Her mit den Personal=Acten!

Ja, da sitzen wir gleich von vornherein fest,
denn Herr Staff hält seine Personal=Acten selber
unter Schloß und Riegel, und höchstens dürfte Herr

Hofrath Louis Schneider um dieselben bitten, wenn es ihm einfallen sollte, ebenso die Geschichte des Generalstabs der Welt illustrirt vorzuführen, wie es mit der von verschiedenen Garde=Regimentern der Fall war. Uebrigens können diese Acten nicht vollständig sein. Ueber Zeugung, Geburt und Kind= heit bis zur Mündigkeit des Monsieur Staff sind zuverlässige Nachrichten wohl anderen Orts zu suchen, aber zuverlässig bleiben sie uns auch anderen Orts vorenthalten.

Von einer actenmäßigen Darstellung, von einer Geschichtsschreibung kann und soll daher hier keine Rede sein; vielmehr wollen wir nur Geschichten und Geschichtchen zusammentragen, die uns die Tradition aufbewahrt hat. Es wird sich daraus schon ein Bildchen zusammenfinden, was dem Herrn Staff und seiner Kindheit nicht so ganz unähnlich sieht. Mag nachher der Retoucheur kommen und ergänzen und verbessern — wir haben nichts dawider und werden uns dazu freuen. Vorläufig müssen wir er= hoffen, daß unsere Leser das unvollkommene Bild des Herrn Staff mit derselben Genügsamkeit be= trachten, wie sie unseren Eltern und Voreltern so gut anstand, wenn sie die Silhouetten der lieben Häupter von Freunden und Verwandten andachts= voll beschauten, und dem portraitirenden Künstler das ehrenvolle Zeugniß ausstellten: „Sehr schön getroffen!" Dennoch hatte der Schelm ihnen, den Andächtigen, mit schwarzem Papier etwas weiß gemacht, besonders wenn das Portrait nur aus der Erinnerung angefertigt wurde.

Aber wo finden wir nun Diejenigen, welche sich der Kindheit des Generals Staff zu erinnern wissen? Wenn wir nur wüßten, in welches Zeitalter dieselbe fiel! Doch halt! Zu den Zeiten des großen Friedrich, aus denen der Ruhm der preußischen Armee datirt, da muß es doch schon einen famosen General Staff gegeben haben, der so herrliche Schlachten schlug! — O weh! die Kriegsgeschichte verschweigt uns den Namen, wenn wir nicht aus derselben herausfinden, daß Friedrich in höchst eigener Person, wie so vieles Andere, auch sein eigener General Staff der Armee war. Nur für die einzelnen Armeeabtheilungen finden wir General-Quartiermeister. Nur von solchen, nicht aber von einem „großen Generalstab" mit einem „Chef des Generalstabes der Armee" an der Spitze, finden wir in der spätern Geschichte der Freiheitskriege etwas verzeichnet, und wir haben somit schon die Gewißheit, daß Herr General Staff durchaus kein so ehrwürdiges Alter hat, wie Manche vielleicht glauben mögen.

Doch wann ist er geboren?

Lassen Sie uns, um zum Ziele zu gelangen, rückwärts zählen.

Heut nennen wir den lorbeerbekränzten Chef
der Familie von Staff: Moltke. Vor ihm führte
Rheyer das Scepter; vor diesem Krauseneck; ferner
gab es einen Rühle v. Lilienstern, vor diesem aber
einen Müffling.

„Müffling? Müffling? — Ei, von dem Mann
glauben wir schon einmal gehört zu haben! —
Hatte der nicht einen berühmten französischen Koch?“

Aber ich bitte Sie um alles in der Welt! Ist
das eine Art und Weise, einen berühmten Mann
zu kennzeichnen, indem man durch Andeutung seiner
Vorliebe für eine gute Küche den Schein annimmt,
als sollte der Bauch und nicht zuerst der Kopf
desselben mit dem, was er der Welt leistete, unsere
Aufmerksamkeit auf sich lenken? — Indessen sehe
ich, daß Sie den prächtigen Herrn wirklich kannten
und jedenfalls an seinen Tafelfreuden Theil genommen haben. Vielleicht ist Ihnen aber dennoch
unbekannt geblieben, daß derselbe Alles methodisch,
wissenschaftlich behandelte, also auch seine Mahl-
zeiten.

„Die Nährung und Erhaltung des Körpers ist
eben so wichtig, wie die des Geistes, ja sie muß
derselben vorangestellt werden.“ — Nach diesem
Grundsatze war denn auch der Koch die erste Person, welche zum dienstlichen Rapport zugelassen
wurde.

„Na, mein Lieber, lassen Sie einmal das heutige
Menu sehen!" — Voll stolzen Selbstgefühls überreichte der also angeredete Koch sein Tagesprogramm.
Jede Position wurde einer sorgfältigen Erwägung
unterworfen. Ueber einzelne derselben entspannen
sich oft heftige Debatten. War eine Einigung über
die Zubereitung einer Sauce oder die Zusammen-
setzung eines Puddings nicht zu erzielen, weil der
Koch seine nationalkochwirthschaftliche Würde durch
besondere Zumuthungen gefährdet glaubte, und deßhalb seine Meinung durchzusetzen suchte, so führte
Müffling das schwere Geschütz zur Entscheidung in
die Schlachtlinie. „Nun, wir wollen gleich sehen,
was der berühmte Carème darüber sagt." Damit
langte er nach dem nichts weniger als verstaubten
Classiker der höheren Kochkunst und, gestützt auf
solche Autorität, erfolgte dann bald der Friedensschluß, nach welchem sich der Koch stets unter tiefer
Verbeugung, aber zuweilen mit merklicher Zornes-
röthe in dem ohnedieß stets etwas echauffirt aus-
sehenden Antlitz zurückzog. Nun erst durfte der
Adjutant zum Vortrage gemeldet werden und die
Staatsgeschäfte konnten jetzt mit gleicher Gewissen-
haftigkeit, aber mit größerer Seelenruhe behandelt
werden.

„Je nun, das ist Alles recht schön, aber bis
jetzt wissen wir noch sehr wenig, was dieß Alles

mit der Jugendgeschichte des Generals Staff zu schaffen hat!"

Ja, Sie haben Recht! Aber wenn vom Essen und Trinken die Rede kommt, läuft man leicht Gefahr, sich zu verbeißen; doch wollen wir gleich wieder in das richtige Fahrwasser einlenken.

Wir waren bei Aufzählung der Ahnen des jetzt lebenden Generals Staff bis zu Müffling gelangt und weiter kommen wir eben nicht. Wir finden vor Müffling keinen General Staff als Chef der Familie „großer Generalstab" oder als „Chef des Generalstabes der Armee" verzeichnet und müssen somit Müffling als den Ur=Großvater des Generals Staff bezeichnen. Stellen wir deßhalb dessen Personalien erst fest, wobei wir uns hüten müssen, daß unsere Meldung nicht ähnlich ausfällt, wie die jenes Gendarmen (vergl. Meidinger S. 110): „Herr Polizeidirektor, der bewußte Müller ist richtig aufgefunden; er wohnt aber nicht in der Dragoner= straße Nr. 5, sondern in der Mulaksgasse Nr. 8, auch ist er nicht Schuster, sondern Waschfrau, und endlich heißt er nicht Müller, sondern Schulze!"

Ja wohl, auch unser Freiherr von Müffling heißt eigentlich nicht Müffling, sondern „Weiß". Wie das zusammenhängt, können wir nicht sagen und müssen Wißbegierige an den betreffenden Gendarmen in Halle verweisen, wo Müffling 1775 geboren und für die Militär=Carriere erzogen wurde. Schon als junger Officier muß er sich durch besondere mathe= matische Kenntnisse und geodätische Studien aus= gezeichnet haben, so daß er nicht allein zu den geo= dätischen Vermessungen in Westphalen und Thüringen herangezogen, sondern darauf auch, als Hauptmann und Quartiermeister=Lieutenant, 1804 in den Ge= neralstab versetzt wurde. Den Feldzug von 1806 machte er als Chef des Generalstabes des Herzogs von Sachsen=Weimar mit und befand sich von 1809 bis zum Freiheitskriege in sachsen=weimarischem Civildienst. Im Jahre 1813 jedoch trat er wieder als Oberstlieutenant des Generalstabes in preußische Dienste zurück. In Folge der in der Schlacht bei Lützen erfolgten tödtlichen Verwundung des General Scharnhorst, Chef des Generalstabes der Blücher= schen Armee, bei dem sich auch Gneisenau als Generalquartiermeister befand, scheint Müffling in dessen Stelle gerückt zu sein, in welcher er als Generalquartiermeister der schlesischen Armee in dem Hauptquartiere Blüchers verblieb, mit diesem als Generalmajor in Paris einrückte und zum Gouver= neur von Paris, dann aber zum Chef des General= stabes der Rhein=Armee ernannt wurde. — Im Feldzuge von 1815 finden wir Müffling im Haupt= quartier Wellingtons, während Gneisenau wieder als Chef des Blücher'schen Generalstabes thätig war.

Dem Zusammenwirken Beider an verschiedenen Punk=
ten muß es wohl mit zugeschrieben werden, daß die
Schlacht bei Belle=Alliance mit einem so glänzenden
Siege endete, der alsbald den Friedensschluß brachte.

Mit dem Frieden begannen die großen Friedens=
arbeiten, durch welche sich Müffling in der preußi=
schen Armee unsterblich gemacht hat. Die gemachten
Erfahrungen mußten verwerthet werden, und es war
nicht die kleinste, von Müffling tief empfundene
Sorge, daß unser Kartenwesen in Preußen noch
völlig unentwickelt war. Gute Karten waren selten
oder gar nicht vorhanden, noch seltener aber die
Officiere, welche sie richtig zu benutzen verstanden.
Das mußte anders werden. —

„Meine Herren," sagte Müffling, „wer ein
richtiger Musikant werden will, der muß Noten
lesen, Noten schreiben und spielen können. Wir
sind Musikanten in den großen Concerten, wo statt
der Bässe die Kanonen brummen, und unsere Noten=
blätter sind die Karten. Na, und was verstehen
denn die meisten von Ihnen, meine Herren Offi=
ciere, von Ihren Noten — d. h. Kartenblättern?
Können Sie dieselben lesen? Ja, prosit! Ich habe
manchen, selbst höheren Officier gesehen, der die
Karte, auf welcher die Wege, welche er einzuschlagen,
die Stellungen, welche er einzunehmen hatte, ver=
zeichnet waren, rund herum drehte und keine Ahnung

davon hatte, wie nützlich die ihm dargereichte Karte
für seinen Auftrag zu verwerthen war. — Können
Sie Noten schreiben? d. h. eine erkennbare Skizze
von einer Position machen, in der Sie sich mit
Ihren Feldwachen und Vorposten befanden, von
dem Colonnenweg, den Sie mit Ihren Truppen
marschirten? Mit nichten, meine Herren! Grauen-
haftes Zeug haben Sie mir da aus Belgien mit-
gebracht, und doch muß ich es benützen, eine Karte
von diesem Lande, die uns noch gänzlich abgeht,
zusammenzustoppeln. Nun, wie gesagt, wer nicht
Noten lesen und schreiben kann, der kann auch nicht
spielen — aber ich stehe Ihnen dafür, Sie sollen
es lernen!"

War es denn aber auch ein Wunder, daß sich
der biedere General so ereiferte? Vor ihm lagen
die prächtig gearbeiteten Sectionen der französischen
Aufnahme der Rheinprovinz, die berühmte Tranchot'sche Karte. „Oh!" rief er halb entzückt, halb
schmerzlich, „wir haben von den Franzosen noch viel
zu lernen — ein Königreich für einen Tranchot!"

Ja, aber es stand ihm kein Oberst Tranchot
mit seinen geübten Ingenieur-Geographen zu Gebot,
kein trigonometrisches Netz, welches den topographischen Arbeiten der Ingenieur-Geographen zu Grunde
gelegt werden konnte, kein Officiercorps, in das
nur hineingegriffen zu werden brauchte, um die für

dergleichen Arbeiten qualificirten Individuen heraus-
zuziehen, wie dieß heutzutage möglich sein würde,
wie es aber nicht erforderlich ist, weil die ganze
Organisation der Armee es überflüssig macht.

Es gehörte der ganze Muth und gute Wille,
die ganze Kraft und Kenntniß eines Müffling dazu,
das gigantische Werk zu beginnen, den Baum zu
pflanzen und zu pflegen, der voraussichtlich erst
nach langen, mühevollen Jahren reife Früchte zu
tragen versprach.

Was die trigonometrischen Vorbereitungen an-
langt, welche den beabsichtigten topographischen Vermessungen zu Grunde gelegt werden mußten, so
war Müffling hauptsächlich auf sich selbst und seine
ausgedehnten geodätischen Kenntnisse angewiesen, und
er gab sich der Riesenarbeit mit einem rastlosen
Eifer, mit einer wahren Leidenschaft hin. Welche
Officiere er aus dem Ingenieurcorps als Gehilfen
herangezogen und herangebildet hat, ist uns unbekannt geblieben. Die Tradition aber hat uns einige
Vorgänge aufbewahrt, welche Zeugniß davon ab-
legen, daß er nicht allein dem Drange der Nothwendigkeit bei seinen trigonometrischen Arbeiten
folgte, sondern denselben mit wahrer Leidenschaft-
lichkeit ergeben war. So kam es zur Winterzeit
nicht selten vor, als längst ein besonderes trigonometrisches Bureau organisirt und in Thätigkeit war,

daß der General den Adjutanten mit der Anfrage
an die Trigonometer absandte, ob für ihn nichts
zu rechnen sei? Er vermochte nicht mehr ohne
Logarithmen und Dreiecksrechnung zu leben. Was
Anderen Arbeit und Anstrengung, war ihm Erholung und Zerstreuung nach anderen schwierigen
Arbeiten. In den zu geodätischen Vermessungen
geeigneten Sommermonaten aber waren hohe Berge,
Kirchthürme oder Signale, welche zu trigonometrischen Beobachtungen als Hauptdreieckspunkte aus-
gewählt waren, der Lieblingsaufenthalt des Generals.
Andere Menschenkinder würden weit entfernt davon
gewesen sein, das Liebliche an solchen Aufenthalten
herauszufinden und anzuerkennen, besonders soweit
es die alten Dorfkirchthürme mit ihrem hundert-
jährigen Staub, Eulen- und Dohlenmist, mit ihren
morschen Leitern und engen Luken betrifft. Sie
müssen forcirt werden, um eine für die Arbeit
erspießliche Aussicht, einen Standpunkt für den
Theodoliten zu trigonometrischen Arbeiten zu gewinnen.

Ein junger, schlanker Lieutenant kommt bei solchen
trigonometrischen Excursionen natürlich viel besser
fort, als ein nach dem System Carème wohlgenährter
General. Dieß den gütigen Lesern recht anschaulich
zu machen, greifen wir den Erzählungen des fünften
Abschnittes vor und führen schon jetzt unseren

berühmten Geodäten Müffling in einer Situation
vor, wie sie uns die Tradition überliefert hat.

Mit Mühe hatte sich Müffling durch die enge
Luke eines Dorfkirchthurms gezwängt und seine
Winkelbeobachtungen vollendet. Jetzt galt es, den
schwierigen Rückzug anzutreten. Schon haben die
Füße die unsicheren Sprossen der alten Leiter er=
reicht und nur die zärtliche Besorgniß um das
Wohlergehen des kostbaren Theodoliten vermag das
starke Gemüth des Generals für den Augenblick zu
bedrücken. Aber hilf, Himmel! „Der Geist war
willig, aber das Fleisch zu — stark," d. h. das
wohlgerundete Leibchen des Generals spottete allen
Anstrengungen desselben, ihn durch die Luke zu
zwängen. Das Bäuchlein schloß dieselbe hermetisch.
Zu groß war bereits die Kraftanstrengung gewesen;
jetzt ging es weder rückwärts noch vorwärts. Ein
Zimmermann mußte aus dem Dorfe geholt werden,
den Thurm von außen auf den zusammengebun=
denen Feuerleitern der Gemeinde mit größter Lebens=
gefahr besteigen und — den General aushauen, d. h.
die Luke vergrößern und den Gefangenen befreien.

„Si non vero e ben trovato," wird Mancher
sagen; aber glücklicherweise war ein, seiner Zeit weit
vorausgeeilter Photograph zur Hand, welcher das
kostbare Bild fixirte und es in unsere Mappe lieferte,
die mit ihren Schätzen unseren wißbegierigen Lesern

leider verschlossen bleiben muß, so gern wir den
Einblick gestatten möchten.

Wir müssen die trigonometrische Laufbahn des
Generals hier schon wieder verlassen, um zunächst
zu untersuchen, wie der Samen für die Topographie
gestreut wurde. Nur im Allgemeinen sei noch be=
merkt, daß Müffling den schwierigen geodätischen,
resp. astronomischen Vorarbeiten, welche den Ar=
beiten der Trigonometer vorangehen müssen, vor=
läufig dadurch entging, daß er die französischen Ar=
beiten dieser Gattung, auf welchen die Tranchot'sche
Rheinaufnahme basirte, benutzte.

Das französische Dreiecksnetz schloß am Rhein
mit dem Hauptdreieck: Coblenz, Löwenburg (Sieben=
gebirge), Michelsberg (Eifel) ab. Von diesem Dreieck
führte Müffling die Kette weiter und stellte ein
Hauptdreiecksnetz quer durch ganz Deutschland her,
so daß es an der österreichischen Grenze mit dem
Hauptdreiecksnetz dieses Staates verbunden und
später mit dem russischen Netz verknüpft werden
konnte.

So wußte der gelehrte und erfahrene, kühne
Baumeister das Fundament herzustellen für den
großen Bau. Aber trigonometrische Netze sind noch
keine Karten. Die größere Schwierigkeit lag immer
noch in dem Mangel an Detailaufnehmern, die doch
in großer Menge vorhanden sein oder herangebildet

werden mußten, wenn der preußische Generalstab
bald, und nicht erst nach vielen Decennien, mit
Karten versehen werden sollte, wie sie dem Bedürf=
niß bei der Kriegführung entsprachen.

Ein Ingenieur = Geographen = Corps nach
Muster des französischen und in solcher Vollzählig=
keit herzustellen, wie jenes, war eine Unmöglichkeit.
Immer aber sollte doch eine kleine, mit den Ver=
messungsarbeiten von vornherein vertraute Abthei=
lung von Ingenieur=Geographen organisirt werden,
welche den Stamm des topographischen Aufnahme=
Corps bilden sollte.

Es wurden zu diesem Zweck Fähnriche und junge
Lieutenants aus dem Ingenieur = Corps herange=
zogen; doch scheinen auch noch andere qualificirte
Personen in dieß wenig zahlreiche Corps Eintritt
gefunden zu haben, wie z. B. der rühmlichst be=
kannte Dr. Heinrich Berghaus, welcher bereits im
Jahre 1811 im kaiserlichen Corps für Brücken= und
Chausseebau, dann 1815 unter General Tauenzien
gedient und durch gediegene geodätische und geo=
graphische Kenntnisse die Aufmerksamkeit auf sich
gelenkt hatte, daher auch bei den trigonometrischen
Arbeiten Müfflings verwendet wurde.

Andere Mitglieder dieses Corps, auf das wir
später noch zurückkommen werden, und das seinem
französischen Vorbilde niemals entsprochen hat, finden

wir später in der Armee: den General Krauseneck als Chef des Generalstabes der Armee, die Ingenieur-Obersten Fromm und Schwindt 2c.

Um eine topographische Abtheilung des Generalstabes zu bilden, erfolgte jetzt, 1816, eine Aufforderung an alle Officiere der Armee, welche Qualification und Lust zu den Vermessungsarbeiten haben möchten, sich zu Coblenz beim Hauptmann Knackfuß zu melden.

Dieses kleine Männchen hatte sich dadurch bemerklich gemacht, daß er in eine große Karte vom Harzgebirge, jedoch ohne Bergzeichnung, die Gebirgsformation in wahrhaft charakteristischer Weise eintrug. Es blieb diese Karte, welche auf Leinwand gezogen stets an der Wand hing, bis an sein Lebensende der Stolz desselben, und ein jeder Besucher wurde von ihm auf dieselbe aufmerksam gemacht. Was er im Uebrigen selbst als Aufnehmer und Topograph zu leisten vermochte, ist uns unbekannt geblieben, läßt sich aber leicht ermessen aus dem ersten Unterricht, den er an die Uneingeweihten ertheilte.

Nicht mit Unrecht begann er damit die Schafe von den Böcken zu sondern, indem er sämmtliche Auserwählte zum Copiren der Tranchotschen Sektionen und anderen guten Vorlagen anhielt, um beurtheilen zu können, wie weit jeder Einzelne in der

Zeichenkunst vorgeschritten war, resp. darin weiter ausgebildet werden mußte. Da fand es sich denn, daß in der edlen Kunst noch sehr wenig geleistet wurde, daher sehr viel gelernt werden mußte. Knackfuß, so klein er von Person war, so groß fühlte er sich jetzt in seinem bedeutungsvollen Amte. Das Licht der Gnade leuchtete denen, welche schon etwas Brauchbares zu Stande zu bringen vermochten und die desto fleißiger waren, je mehr Freude sie an der Arbeit hatten. Aber als ein strenger Vorgesetzter zeigt er sich denen, welche mehr Caricatur- als Kartenzeichner zu sein schienen und daher der Nachsicht noch mehr bedurften, als es ihrem Meister lieb war. Wehe ihnen, wenn er wirkliche Unaufmerksamkeiten und Fehler in ihren Kunstproduktionen entdeckte.

„Na hören Se, was haben Se denn da hingekratzt?! das sieht ja weiß Gott aus, als hätten Se eenen Fliegenkopp da zerquetscht! — was soll denn das bedeuten?" —

„Eine Wassermühle, Herr Hauptmann. Sehen Sie, hier steht sie auf dem Original ebenso." —

„Was ebenso?! Herr, widersprechen Sie nicht, Sie müssen in Ihrem Leben noch keene Wassermühle gesehen haben. Ich verbitte mir solche Wassermühlen!" — Zu einem Anderen gewendet: „Lieutenant Bach, kommen Se mal her!" — Zu Befehl,

Herr Hauptmann." „Was is denn das?! Habe
ich Ihnen nich gesagt, Se sollen die Berge mit
d e u t s ch e S p r a ch e beschreiben?" „Zu Befehl; ich
glaubte nur, weil der Name auf dem Original mit
lateinischen Buchstaben geschrieben sei" — — „Ach
dummes Zeug mit Ihrem Latein. Ich habe Ihnen
doch gesagt, daß es sich besser unterscheidet, wenn
die Berge ausnahmsweise mit deutsche Sprache be=
schrieben werden!"

Dergleichen lehrreiche Intermezzos kamen zur
Erheiterung des ganzen Topographen=Corps fast
täglich vor. Endlich glaubte der große Meister
wenigstens einen Theil seiner Jünger so weit heran=
gebildet zu haben, um sie in die Mysterien der Feld=
arbeit der Topographie einführen zu können. Er
bezeichnete dieselben mit Namen, und der Tagesbefehl
lautete: „Morgen früh neun Uhr stehen Sie beim
Gasthaus zur goldenen Taube und bringen Sie
Ihre Croquis=Planchette, Taschenbuch, Messer, Blei=
stift, Gummi und was Sie sonst noch brauchen
mit, damit Sie das militärische Aufnehmen lernen,
was man „Croquiren" nennt. Haben Sie ver=
standen?" — „Zu Befehl, Herr Hauptmann!"

Alles sah sich vergnügt und bedeutungsvoll an.
Jeder dachte sich sein Theil, Niemand sprach aber
aus was er dachte und anderen Tages, schon lange
vor neun Uhr, waren die Officiere bei der „goldenen

Taube" versammelt, die selber vom Wirthshaus=
schild herniederschaute als wollte sie sagen: „Nun bin
ich doch neugierig, was sich hier entwickeln wird?"

„Noch fünf Minuten!" sagte ein Officier, nach der
Uhr sehend; aber schon hörte man langsame, schwere
Schritte und bei jedem das Anklappen des Degens
an die Ferse des um die Ecke biegenden, den Berg
erklimmenden Hauptmannes. Derselbe hatte nämlich
die Gewohnheit seinem verhältnißmäßig zu langen
Degen in den Rockschlitz, statt in eine besondere
Degenkuppel einzuhängen, wodurch er in eine schiefe
Lage gerieth und entweder an den linken Stiefel=
hacken oder gar auf das Steinpflaster aufschlug,
kurzum stets klappte.

„Jun Morgen, meine Herren! Na hübsch pünktlich,
das freut mir und wir können gleich anfangen."

Hierauf tritt Hauptmann K. seitwärts, schaut
sich nachdenklich mit Feldherrenmiene nach allen
Seiten um und ruft:

„Lieutenant Müller!" — „Hier!" — „Kommen
Se mal her! — Sehen Sie da die Windmühle?" —
„Zu Befehl, Herr Hauptmann!" — „Na denn, cro=
quiren Sie mal — dreihundert Schritt rechts,
dreihundert Schritt links! — Lieutenant Schulze,
kommen Sie mal her! Sehen Sie da die Pappel?" —
„Zu Befehl, Herr Hauptmann!" — „Herr Gott,
wo gucken Sie denn hin? Da is ja keene Pappel,

wo Sie hinsehen! Hier, die meine ich ja — so
passen Sie doch uf!" — „Wollte nur gehorsamst
fragen, wie ich über den Bach kommen soll, der da
quer durch fließt; eine Brücke sehe ich nicht." —
„Das ist Ihre Sache, wie Sie hinüber kommen;
Bäche findet der Topograph überall! — Drei=
hundert Schritt links, dreihundert Schritt rechts
von dem Alignement bis zur Pappel haben Sie zu
croquiren." —

So bekam ein jeder der anwesenden Officiere
sein Alignement mit „dreihundert Schritt rechts,
dreihundert Schritt links," und zuletzt erhielten
Alle ein: „Na gut Morgen, meine Herrn, un nu
hübsch fleißig un accurat!" womit sich der Herr
Vermessungsdirigent, klipp, klapp mit der Degen=
scheide an den linken Stiefelabsatz, empfahl.

Natürlich schauten die Herrn Officiere einander
etwas verdutzt an. Mancher Mund verzog sich zu
einem spöttischen Lächeln. Als aber der gestrenge
Herr Hauptmann seine werthe Person erst um die
Ecke dirigirt hatte und auf Schußweite entfernt
war, da brach lauter Jubel los und der Vorschlag
eines melancholisch darein schauenden Lieutenants,
vor dem Aufnehmen sich erst mit dem Ein=
nehmen in der goldenen Taube zu befassen, fand
ohne persönliches Abstimmen die Annahme durch
Acclamation. Nur der Lieutenant Baeyer stellte

das Amendement: sich nicht „dreihundert Schritt
links, und dreihundert Schritt rechts" von der
goldenen Taube zu entfernen, denn sein Freund,
der Hauptmann N. vom Ingenieur=Corps, habe
die freundliche Zusage gemacht, sich der armen
Topographen in ihrer Noth anzunehmen und sie
in ihrer Kunst zu unterweisen.

So geschah es denn auch und der biedere Knack=
fuß erlebte eine große Freude, als er sah, von
welchem Erfolg sein erster Unterricht im militä=
rischen Croquiren sich gezeigt hatte. „Na sehen
Sie wohl, Schulze, sind doch über den Bach ge=
kommen! Wenn man Lust und guten Willen hat,
so geht Alles!"

Ueberlassen wir jetzt Topographen und Trigono=
meter ihrem Schicksale auf einige Zeit, um sie in
ihrer Entwicklung nicht zu stören. Ihre Leistungen
überwachte gewiß stets das Auge des Generals
Müffling., der dabei jedoch nicht allein diesen Noten=
schreibern der Generalstabsmusik seine Aufmerksamkeit
zuwandte, sondern auch den Musikanten selbst,
welche sie spielen sollten.

Ein solches Musikanten=Chor für höhere militä=
rische Concerte, ein selbstständiger General Staff,
existirte noch nicht, vielmehr nur ein zweites
Departement des Kriegsministeriums.

Erst im Jahre 1820 wurde ein „Großer

Generalstab" mit seinem topographischen und
trigonometrischen Büreau, seiner Plankammer und
Bibliothek und was sich sonst noch daran knüpft,
von Coblenz nach Berlin verlegt und wir müssen
daher das Jahr 1820 als eigentliches Geburtsjahr
des berühmten General Staff anerkennen und den
Freiherrn von Müffling, welcher von da ab den
Titel „Chef des Generalstabes der Armee"
führt, als den würdigen Vater desselben.

Von jetzt ab entwickelte sich der junge Staff ·
in der bewundernswürdigsten Weise. Aber die
Tradition läßt uns hier im Stich und macht es
unmöglich die Wege zu verfolgen, auf denen Papa
Müffling die Erziehung seines Kindes zu erreichen
wußte, auf das nach einem halben Jahrhundert die
Augen der ganzen Welt gerichtet sind. Aus dem
Kinde ist ein reifer Mann geworden, der seinen
Ruhm durch unsterbliche Thaten der Welt ver=
kündete. Nicht, daß er ein halbes Jahrhundert
dazu bedurft hätte; vielmehr hatte es in der langen
Friedensperiode nur an Gelegenheit gemangelt, von
der längst erlangten Mannesreife Zeugniß abzu=
legen vor der Welt.

Papa Müffling war noch ein Jahrzehnt hindurch
der liebevolle Vater und der gewissenhafte, weise
Erzieher seiner Kinder. Seine Liebe hatte indessen
mitunter auch ihre Launen, wie deutlich daraus

hervorgeht, daß er eines schönen Tages die Häupter seiner Lieben um sich zur Tafel versammelte. Aber statt der leckeren Gerichte nach dem System Carème wurden sehr einfache Speisen aus einer guten Restauration aufgetragen, die der Papa mit $7\frac{1}{2}$ Silbergroschen pro Person bezahlte und seinen Kindern dabei die Trostworte zurief: „Meine Herren, es ist in der Welt nichts unbequemer als **Wohlbeleibtheit**! Schauen Sie auf mich — er rieb sich das Bäuchlein, das seit der fatalen Kirchthurmsaffaire nichts weniger als abgenommen hatte — und glauben Sie mir, ich spreche aus Erfahrung. Ich habe Sie Alle zu lieb, als daß ich Ihnen die gleichen Erfahrungen wünschen sollte und habe daher dafür Sorge getragen, daß Sie von nun ab mit einem frugaleren Speisezettel als bisher bedient werden und wünsche übrigens wohlzuspeisen!"

Ach! Alles ist vergänglich in der Welt und selbst dieß frugale Mahl à $7\frac{1}{2}$ Sgr. verschwand später von der Karte, und die schönen Menageschüsseln und Bestecks vertrauerten einsam in verstaubtem Schranke ihr verfehltes Daheim, nachdem Papa Müffling im Jahre 1832 seinen heranblühenden Sohn Staff verlassen, um das Commando des VII. Armee-Corps und später noch höhere Posten, 1841 das höchste Staatsamt, als Präsident des Staatsrathes, neben anderen wichtigen Aemtern zu übernehmen.

Daß der Jüngling Staff die ihm angebahnten
Wege auch ferner nicht verließ; daß er des Wortes
seines Papas „wer ein guter Musikant werden will,
muß vor Allem Noten lesen und schreiben können,"
eingedenk blieb, werden wir im folgenden Kapitel zu
bestätigen suchen, indem wir, statt aller mangelnden
Details über das Jugendleben des General Staff, ihn
selber — zwar nicht mehr „wie er ißt und trinkt" —
wohl aber, wie er in seinem fünfundzwanzigsten
Lebensjahr ist und arbeitet, schildern und betrachten
wollen, um dadurch zu dem Schluß zu gelangen,
daß die Leistungen des gereiften General Staff nicht
als Resultat glücklicher Zufälligkeiten betrachtet werden
dürfen, sondern daß sie die Früchte langjährigen
weisen Strebens und ernster Arbeit sind, die Nie-
mandem unverdient in den Schooß fallen.

II

General Staff in seiner Jugend.

Suchen wir den jungen General Staff zunächst in seiner Wohnung auf. — Noch wohnt er nicht in dem stolzen Generalstabsgebäude im Thiergarten, von dem aus ihm der Blick auf die prachtvolle Siegessäule theuere Erinnerungen an die ruhm= reiche jüngste Zeit erweckt. Noch wohnt er, als bescheidener Jüngling, so zu sagen chambre garnie, in einem einfachen Hause, Behrenstraße 66. Wir würden Mühe haben dasselbe aufzufinden, wenn es nicht durch die beiden Wachtposten mit ihren Schilderhäusern gekennzeichnet wäre.

Ueberschreiten wir die zwanzig Treppenstufen, welche von der Straße zu dem Parterre in die Höhe führen. Die Beletage ist die Dienstwohnung des Chef des Generalstabs der Armee; in derselben haben wir Nichts zu suchen. Die Locale im Par= terre rechts nehmen die Bibliothek des großen General= stabes ein, soweit sie Bücher, als Specialitäten,

nicht in den übrigen Dienstlocalen untergebracht
sind. Wir haben nicht Zeit dieselben zu mustern,
bemerken aber dennoch, daß viele auf ihrem Leder=
rücken mit einem großen goldenen N. bedruckt sind.
Wir schließen daraus, daß Papa Müffling seinem
lieben Kinde ein paar Bilderbücher aus Paris mit=
gebracht oder vererbt hat. Das größte derselben
schlagen wir neugierig auf und siehe da! der mäch=
tige Foliant erweist sich als ein Militär=Atlas von
Frankreich. Auf jeder Karte ist irgend eine mili=
tärische Specialität sauber verzeichnet und durch ein
Renvoi erläutert. So auf der einen die Marine=
Etablissements und Schiffswerften, auf der andern
Geschützgießereien und Artillerie=Werkstätten; Ge=
wehrfabriken und Pulvermühlen füllen noch andere
Blätter. Vor Allem fehlt nicht die Eintheilung Frank=
reichs in die Militär=Divisionen. Kurzum, wenn
man den Atlas durchblättert hat, so kennt man die
Organisation der französischen Armee besser, als
nach jahrelangen Reisen und Forschungen. Das
Interessanteste dabei sind die am Rande der Blätter
von der Hand Napoleons mit rother Dinte nieder=
geschriebenen Notizen, welche als Beweis dafür
dienen, daß dieser Atlas kein bloßes Schaustück der
Bibliothek Napoleons vorgestellt hat. In der übrigen
Parterre=Localität rechts befindet sich die Geschichts=
Abtheilung des Generals.

Das linke Parterre ist mit Eisengittern an den Fenstern versehen, denn es enthält nicht allein das Kassenzimmer, in welchem die Raten des Taschengeldes unseres General Staff aufbewahrt werden (zu jener Zeit 25,000 Thaler p. a.), sondern auch die Plankammer, mit den auf Leinwand gezogenen Originalaufnahmen, den auf Stein gravirten Reductionen in vielen Exemplaren dieser Aufnahme-Sectionen, der sogenannten „Generalstabskarte"; endlich den Generalstabskarten anderer Staaten in einer entsprechenden Anzahl von Exemplaren; Festungspläne und dergleichen befinden sich in den Archiven der betreffenden Abtheilungen des Generalstabs. Derselbe hat seine Dienstlocalitäten in der sehr bescheidenen zweiten Etage des Gebäudes. Die drei Abtheilungen desselben sind damals noch mit „Westliches, Mittleres und Oestliches Kriegstheater" bezeichnet. Außer diesen Kriegstheatern befindet sich das Bureau des Adjutanten des Chefs des Generalstabs der Armee, sowie ein Lesezimmer in der Etage. In diesem sind alle militärisch wichtigen Zeitungen ausgelegt.

Im Seitengebäude befindet sich der Instrumentensaal, in welchem nicht allein die gangbaren Vermessungs-Instrumente der Trigonometer und Topographen ihre Winterquartiere haben, sondern auch manche andere, alte Theodoliten 2c., Unterkommen fanden. Außerdem machen sich dort die vier großen Etalons für Grad= respective Basismessungen etwas breit. Trotz ihrer äußeren Unscheinbarkeit sind dieß ganz wichtige und interessante Burschen, die im In= und Auslande schon des Tages Last und Hitze getragen haben. Sie sind vom berühmten Astronomen und Geodäten Bessel construirt worden und waren damals schon zu Gradmessungen bei Königsberg, darauf in Dänemark und Schweden benützt worden, wie später bei Berlin, Bonn und in Belgien. Ganz ebenso construirte Etalons finden sich in der Royal=Map=Office in Southampton vor, wo sie allerdings in einem vornehmeren Asyl, in der dortigen Sternwarte des großartigen Instituts untergebracht sind und sich selbstredend dort auch der vornehmen Gesellschaft eines großen Passagen = Instrumentes und anderer astronomischer Instrumentenschätze erfreuen, nach denen man in Berlin, wenigstens bei General Staff, vergeblich suchen würde.

Unter dem Instrumentensaal befindet sich die Buchbinderei, in welcher die Meßtische der Topographen mit Papier bespannt, sowie die Pläne und Karten auf Leinwand gezogen werden.

Im Quergebäude des Hinterhauses finden wir das trigonometrische Bureau, wie das topographische und Zeichenbureau. In ersterem ist der Fußboden weich gepolstert, vielleicht damit eine herunterfallende

Logarithme kein störendes Geräusch macht. Wahr=
scheinlicher jedoch steht die Polsterung in Zusammen=
hang mit der unter dem Bureau befindlichen Wagen=
remise, welche im Winter keine angenehme Nachbar=
schaft ist für die, nur mit Kopf und Hand arbeiten=
den Trigonometer. Wir müssen auch in diese Re=
mise noch einen Blick hineinwerfen. Nicht, daß
uns die Carrosse des Chefs des Generalstabes der
Armee interessirt, sondern weil bescheiden im Hinter=
grunde noch ein anderes Vehikel schimmelt, nicht
schimmert. Es ist die trigonometrische Kalesche, wie
die Vorrichtung am Hintertheil zum Anschnallen des
großen Theodoliten andeutet. — Nun, man kann
beim Anblick dieser Kalesche nicht gerade sagen, daß
General Staff mit seinen 25,000 Thalern Taschen=
geld großen Luxus treibt, noch weniger, daß sie
den Trigonometer anheimelt. Bei Tage die Reise
mit derselben anzutreten, dürfte, schon der Ber=
liner Jungen wegen, nicht rathsam sein, da diese
gewiß ihr „Pietsch kommt!" erschallen lassen würden;
außerdem aber würde die Aufmerksamkeit aller Curio=
sitätenfreunde auf diese Landpastorenkutsche gelenkt
werden, die zwanzig Meilen im Umkreise der Resi=
denz als Unicum dastehen würde, wäre nicht die
Staatskalesche des Fürsten von Schönburg zu Tempel=
hof, an der seiner Zeit ein Kutschenschlag ganz fehlte,
der andere aber desto sicherer mit Bindfaden ange=

bunden war. — Jedoch „tempora mutantur und die Kaleschen in ihnen." Wir können daher nicht behaupten, daß die Trigonometerkutsche noch heut existirt; die fürstliche Kalesche und ihr später wieder sehr reich gewordener Besitzer existiren nur noch in der Erinnerung Derer, die sie gekannt haben. — Doch da wir einmal das Kapitel des Wechsels, der Vergänglichkeit und der Curiositäten zu berühren Veranlassung hatten, so sei hier noch des sehr schön von Mahagoniholz gearbeiteten Modells eines optischen Telegraphens gedacht, das sich in einem der Vorsäle der Generalstabs-Localitäten befindet oder befand, denn es gehört der überwundenen Zeitperiode an, wo die große Erfindung der electromagnetischen Telegraphen noch nicht gemacht war, das Bedürfniß der Telegraphie — für Staatszwecke zunächst — mehr als je empfunden wurde. Diesem Bedürfniß zu entsprechen, wurde vorübergehend die optische Telegraphie vom Staate adoptirt und das dabei befolgte System ist durch dieß schöne Modell repräsentirt, an welchem der als General und Telegraphendirector verstorbene O. Etzel die Jünger der neuen Kunst für ihren Dienst instruirte und befähigte, während der Bau der wirklichen Telegraphen stattfand. Hiermit dürften wir einen genügenden Ueberblick von dem Aufenthalte des jungen General Staff, genannt „Großer Generalstab" gewonnen haben, und wir wollen nun dazu übergehen, denselben in seiner Thätigkeit darin zu belauschen.

Zuvor müssen wir eine erläuternde Erklärung über die beiden Bezeichnungen „Generalstab der Armee" und „Großer Generalstab" einfließen lassen, um Mißverständnissen vorzubeugen. Wie der Chef des Großen Generalstabes zugleich oder vor Allem „Chef des Generalstabes der Armee" ist und so bezeichnet wird, so gehören auch die Officiere des Großen Generalstabes dem Generalstabe der Armee an. Derselbe bestand zu der Zeit, die wir im Auge haben, außer seinem Chef (und dem dienst= leistenden Adjutanten, der jedoch der „Adjutantur" angehört) aus einem Generalmajor, fünf Obersten, fünf Oberstlieutenants, siebzehn Majors, zwanzig Hauptleuten und einem Premierlieutenant. (Etats= mäßig sind Lieutenants eigentlich nicht.) Außer= dem waren noch fünf Obersten (darunter v. Rado= witz als Bundestagsgesandter und O. Etzel als Tele= graphendirector), ferner zwei Majore dem General= stabe aggregirt.

Von diesen Officieren des Generalstabes der Armee befinden sich bei jedem Armeecorps ein Oberst (eventuell Generalmajor oder Oberstlieutenant) als Chef des Generalstabes des betreffenden Corps, zu welchem außer ihm ein Major und ein Hauptmann zählen. Sie versehen die General=Quartiermeister=

dienste bei der Armee und gehen aus dem Großen
Generalstabe, welcher den Stamm und die Schule
derselben bildet, hervor.

Die Officiere des Großen Generalstabes stehen
nun entweder als Chefs oder Dirigenten an der
Spitze einer Abtheilung desselben oder sind einem
der drei Kriegstheater zur Dienstleistung überwiesen,
resp. in denselben zu ihrer Ausbildung beschäftigt, bis
sie unter schneller Beförderung zu höheren Posten
commandirt werden. Auch sind-sie meist Lehrer an
der Kriegsschule.

Wer sind nun diese Auserwählten, diese Bevor=
zugten? Sind es die hochgeborenen Söhne der Fa=
milien, welche dem Throne nahe stehen? Sind es
die Sonntagskinder des Glücks, das sein Füllhorn
blindlings in den Schooß seiner Günstlinge ausleert?
Oder haben wir es mit einem Elitecorps zu thun,
welches, ohne Ansehen der Person, nur dem wahren
Talent und gediegenen Kenntnissen seine Arme öffnet?

Wir gelangen auf zwei Wegen zu einer sicheren
Beantwortung dieser etwas heikligen Frage. Einer=
seits, indem wir die Stufenleiter betrachten, auf
welchem es jedem Officier der Armee in den Olymp
zu klettern möglich wird, und auf welcher allein er
heutzutage, der Regel nach, in denselben gelangen
kann, andererseits aber, indem wir einen Blick auf
das Herkommen Einzelner werfen, deren Namen

rühmlichst bekannt und in der Liste des General=
stabs zu finden sind.

Gleich an der Spitze steht der General der In=
fanterie von Krauseneck, dessen Brust die höchsten
Orden bedecken. Welcher Herkunft ist der hohe,
stolze und schöne Mann? Er ist der Sohn eines
einfachen Müllers, als Geometer ausgebildet, be=
gann er als Ingenieur=Geograph seine hohe Militär=
Carrière und hat während derselben längere Zeit
sogar im Ersten Garderegiment des Königs das
Füselierbataillon desselben ausgezeichnet commandirt.
Da ist ferner der Oberst O. Etzel, der ursprünglich
Apotheker, wie Oberstlieutenant Kusserow der Chi=
rurgus und Laue, der Buchhändler und Verleger
der schönen Lieder: „Als Noah aus dem Kasten
war" und „An Schlosser hat an Geselle gehatt"
war; da sind die Majore Schmidt und Baeyer,
deren einer Uhrenmacher, der andere ein Theologie
beflissener Bauernsohn aus Müggelsdorf bei Berlin
war. (Irren wir nicht, so war auch der Nachfolger
des General v. Krauseneck, v. Rheyer, wie Ascher
des Ingenieurcorps, Dorfkinder.) Nun, das dürften,
bei einem verhältnißmäßig kleinen Corps schon der
Beispiele genug sein, um darzuthun, daß nicht
Protection und hohe Geburt zum Eintritt in den
Generalstab berechtigen. Das Auffällige des Wechsels
der bezeichneten früheren Berufsarten findet seine

genügende Erklärung durch die während des großen
Kriegs obwaltenden Verhältnisse, wo Viele in die
Militär=Carrière traten und nach dem Kriege in
derselben verblieben, wenn sie neben der Lust auch
den Muth und die Befähigung in sich fühlten, den
nun geforderten Examinas entgegen zu gehen.

Ehe wir die Namenliste beiseite legen, müssen
wir doch noch einen neugierigen Blick auf dieselbe
werfen, um zu sehen, in welchen Stellungen sich
die gegenwärtig berühmten Männer zu jener Zeit im
Generalstabe befanden. Da finden wir den General=
feldmarschall Graf Moltke noch als jungen Major
beim Generalstab des IV. Armeecorps, Feldmarschall
Graf Roon als Lehrer der allgemeinen Kriegsschule
und Major im großen Generalstab. Ferner unter
Andern v. Voigts=Rheetz als Hauptmann in dem=
selben, wie v. Tümpling beim VIII. Armeecorps.
Andere, wie v. Boyen, noch als Hauptleute und
v. Göben sogar noch als Premierlieutenant des
großen Generalstabes, während v. Blumenthal noch
den bescheidenen Rang eines Secondelieutenants des
Garde=Reserve=Regiments, v. Wrangel ebenso des
ersten Infanterie=Regiments einnimmt; ersterer ist
aber bereits beim topographischen Bureau, letzterer
in der trigonometrischen Abtheilung des General=
stabes beschäftigt und im Begriff die Leiter des
Ruhms zu erklimmen. Ebenso waren v. Kirchbach

und Fransecky als Lieutenants zum topographischen
Bureau commandirt. — Wir würden deren wohl
noch Viele zu verzeichnen haben, wenn der Tod nicht
innerhalb der fünfundzwanzig verflossenen Jahre
etwas aufgeräumt hätte.

Betrachten wir nun die Stufenleiter selbst auf
welcher allein, mit verhältnißmäßig geringen Aus=
nahmen, jeder preußische Officier in die hohe Car=
rière gelangen kann und welche Anforderungen da=
bei gestellt werden.

Sind gleich die Ansprüche an den Bildungsgrad
eines jeden preußischen Officiers seit jener Zeit noch
erhöht worden, so war doch auch damals schon da=
für gesorgt, daß die Officiers=Aspiranten jungen
Männern anderer Stände nicht nachstanden im Bil=
dungsgrade. Vortreffliche Divisionsschulen gaben
ihnen Gelegenheit, sich die nöthigen Fachkenntnisse
vor der Ernennung zum Officier zu erwerben und
Viele hatten alljährlich davon zu erzählen, daß es
bei den Prüfungen ziemlich genau mit der Erfüllung
der gestellten Bedingungen genommen wurde. Selbst=
redend hat dann jeder junge Officier sich durch mehr=
jährige Dienstleistungen in Reih und Glied seiner
Truppe die nöthige Dienstroutine zu erwerben, ehe
derselbe an weitere Schritte zur Verfolgung einer
höheren Militär=Carrière denken kann.

War diese erste Dienstperiode zur Zufriedenheit

der betreffenden Commandeure zurückgelegt, so durfte sich jeder qualificirte Offizier, was durch ein Vorexamen und die Bestätigung des Regiments = Commandeurs nachzuweisen blieb, zum Besuch der allgemeinen Kriegsschule (jetzt Militär = Akademie genannt) in zweijährigem Cursus melden.

Nach Absolvirung derselben fand, nach der Reihenfolge der Notirten, die Einberufung zum topographischen oder trigonometrischen Bureau des großen Generalstabes statt. Um in letzterem verwendet zu werden, ist es erforderlich den Vorlesungen über höhere Mathematik und Astronomie beigewohnt zu haben, was facultativ ist.

Die in der Kriegsschule vorgetragenen Disciplinen bezweckten nicht allein die specielle höhere Ausbildung in den Kriegswissenschaften, sondern auch eine allgemein wissenschaftliche. Unser General Staff steht somit schon in dieser ersten Periode seiner höheren Laufbahn, beim Verlassen der Kriegsschule, als ein akademisch gebildeter Mann, den Gebildeten anderer Stände ebenbürtig gegenüber.

Nun kommt die Zeit des Harrens und Hoffens, die erst mit der Einberufung zum topographischen oder trigonometrischen Bureau, welche oftmals nur allzulange auf sich warten läßt, ihr Ende erreicht.

Während der Sommermonate sind Topograph und Trigonometer außerhalb beschäftigt und werden

wir sie dort später belauschen, so wie ihren Erleb=
nissen besondere Kapitel widmen. Hier haben wir
es nur mit der Stufenleiter zu thun, auf welcher
dem General Staff in spe das Leben sauer gemacht
wird, was ihm nun einmal nicht erspart werden
kann, möge seine Wiege in einem Grafenhause oder
in einer Bauernstube gestanden haben.

So finden wir denn Topographen und Trigono=
meter vom October ab in den betreffenden Bureaus
friedlich emsig beschäftigt, ihre Aufnahme=Sectionen
farbig auszuzeichnen, Dreiecke zweiter und dritter
Ordnung zu berechnen und die geographische Länge
und Breite der trigonometrischen Punkte weiterer
Aufnahmen zu bestimmen. Aber bald erschallt das
Commandowort, welches sie allwöchentlich zu einem
und dem anderen Chef der drei Kriegstheater ent=
bietet.

Da liegen denn auf den großen, grünen Tischen
Karten, Schreib= und Zeichenmaterialien. Aber
jeder Officier findet auch seine Aufgabe, die der
gestrenge Abtheilungs=Chef aus der Tiefe seines
Generalstabswissens geschöpft hat und die nun in
kürzester Zeit gelöst sein muß.

Da leuchtet der Blick des Einen freudig, wenn
er sogleich übersieht, daß er das Verlangte geradezu
aus dem Aermel schütteln kann, während der Andere
etwas bekümmert dareinschaut und im Stillen über

die Vielseitigkeit der Generalstabswissenschaft seufzt. Wie aber der Chef selber über die leicht oder mühevoll vollendete Arbeit denkt, erfährt nur der Chef des Generalstabes, dem die Arbeiten mit einer Kritik des Auftraggebers durch denselben zugeht. Zuletzt bleibt es fraglich, wer von diesen Arbeiten die größte Mühe und Sorge hat, da die Kritik selber eine Aufgabe ist, deren Lösung nicht absolut und immer zu höherem Avancement führt.

Zuletzt empfängt jeder Commandirte vom Chef des Generalstabes eine Aufgabe direkt und begibt sich dann mit dem neuen Jahre zu seinem Regimente oder zu einer mehrmonatlichen Dienstleistung bei einer anderen Truppengattung als zu der er gehört; denn die Kenntniß aller ist für jeden höheren Officier anerkannte Nothwendigkeit.

So verfließen drei verhängnißvolle Jahre, wahre Schul- und Prüfungsjahre. Von den dreißig commandirten Officieren scheiden daher alljährlich zehn aus. Ihr Wissen und Können ist von den höheren Officieren des großen Generalstabes, wie vom Chef desselben selbst, gewissenhaft geprüft. Alle mögen ihre Qualification zum Generalstabsofficier genügend dargethan haben; aber auch hier gilt nun das wichtige Wort: „Viele sind berufen, aber Wenige auserwählt!" Selten konnten, bei der damaligen geringen Etatsstärke des Generalstabes, mehr als drei Officiere

in denselben eingestellt werden und glücklich wen
die Wahl traf, als der Fähigste der Fähigen bezeichnet und berufen zu werden, wobei jedoch auch
einmal kleine Menschlichkeiten unterlaufen sein mögen.

Soviel dürfte hiernach wohl feststehen, daß in
der preußischen wie wahrscheinlich in keiner anderen
Armee, sich der Ignoranz und Mittelmäßigkeit der
Generalstab verschließt.

Wie der Generalstab bei den Armee-Corps seine
bestimmten Quartiermeistergeschäfte zu verfolgen hat,
so ist die Thätigkeit der Officiere des Großen Generalstabes, die in keinem Truppenverbande stehen,
eine mehr ungezwungene, allgemein wissenschaftliche.
Sie ist darauf berechnet sich durch Studium aller
Verhältnisse, welche im Kriegsfalle für die Armee
in Betracht kommen, für den Krieg selbst und die
Kriegführung vorzubereiten.

Dazu gehört vor Allem das genaueste Studium
des Kriegsschauplatzes, d. h. der topogrophischen
Verhältnisse des In- und Auslandes im Allgemeinen,
wie besonders der Landstriche, welche von strate-
gischer Wichtigkeit sind. Ferner aber gehört das
Studium der fremden Armeen selbst dazu, in Betreff
ihrer Organisation und Schlagfähigkeit.

Wir sehen daher den Großen Generalstab in
drei Abtheilungen, sogen. Kriegstheater getheilt; das
„Oestliche Kriegstheater“ bearbeitet die östlichen

Provinzen des preußischen Staates, sowie des östlich gelegenen Auslandes: Rußland ꝛc. und der Armeen desselben. Dem „Mittleren Kriegstheater" sind die entsprechenden Provinzen, Länder und Armeen überwiesen, sowie dem „Westlichen Kriegstheater" die Rheinprovinz, Frankreich, England, Spanien ꝛc. mit den betreffenden Armeen.

So ist die schwierige Arbeit getheilt und eine jede Abtheilung weiß, welchem Ziele sie nachzustreben hat.

In Betreff der Topographie des Inlandes liefern schon die zur Vermessung commandirten Officiere das Material zur genauesten Kenntniß der in Aufnahme befindlichen Strecken, nicht allein durch die von den Vermessungsdirigenten genau revidirten Karten, sondern auch durch die zu und neben diesen ausgearbeiteten Fluß= und Wegetabellen. Da ist kein Fluß, Flüßchen oder Bach, dessen Bett, Ufer, Tiefe, Geschwindigkeit ꝛc. nicht verzeichnet wäre; keine Brücke, kein Steg, über dessen Beschaffenheit und militärische Brauchbarkeit nicht berichtet, keine Straße, kein Weg über den nicht alles wissenswerthe Detail vorgemerkt wäre.' — Ueber das Ausland ähnliche Notizen zu erhalten, dienen Recognoscirungen beurlaubter Officiere; auch wird es nicht versäumt, alle im Ausland erscheinende, instructive Werke anzuschaffen. So z. B. wissen

wir ebensogut wie der l'État-Major-Général zu
Paris, wie ein jedes Stückchen Straße von Frank=
reich jederzeit beschaffen ist, weil dort eine besondere
Behörde in einem Almanach darüber alljährlich aus=
führlichen Aufschluß giebt.

In Betreff des Studiums der Armeeverhältnisse
des Auslandes wird die Kenntniß derselben sowohl
aus den einschlägigen Zeitungen geschöpft, wie durch
die eigene Anschauung beurlaubter Officiere ge=
wonnen.

Am Schlusse des Jahres empfängt der Chef
des Generalstabes der Armee einen ausführlichen
Bericht über alle bemerkenswerthen Vorgänge in den
fremden Armeen aus dem betreffenden Kriegstheater
und von den Officieren verfaßt, denen die Be=
arbeitung oblag.

Außer diesen und den sonst noch gelegentlich
vom Chef geforderten Berichten, empfängt derselbe
einen Monatsrapport, in welchem jeder Officier
über die Art seiner wissenschaftlichen Beschäftigung
während des verflossenen Monats berichtet.

Zu praktischen Generalstabsübungen geben einer=
seits die großen „Königs=Manöver“ Veranlassung, die
in jedem Herbst in dem einen oder anderen Armee=
Corps=Bereich abgehalten werden, andererseits finden
solche Uebungen alljährlich, ohne Truppen, bei der
sogenannten „Generalstabsreise“ statt. Bei der=

selben wird der große Krieg auf dem Papiere
geführt. Vom Chef des Generalstabes wird die
Disposition zu einem Feldzuge ausgegeben. Der
Generalstabsofficier marschirt an der Spitze seiner
imaginären Division, quartiert sie und führt sie
pünktlich in die von seinem Vorgesetzten ausgewählten
Positionen, rapportirt und erläutert die Rapporte
durch Croquis, empfängt schließlich vom Chef die
Kritik seiner Thätigkeit.

Wenn wir so nur mit groben Strichen die Thätig=
keit des General Staff in Friedenszeiten skizzirt haben,
in der Weise wie sie vor fünfundzwanzig Jahren
üblich war, so dürfte dieß doch genügend sein dem
Uneingeweihten das große Räthsel zu lösen, durch
welches die Thätigkeit desselben in den verflossenen
ruhmreichen Kriegsperioden die Welt zur Bewun=
derung hinriß. Eine solche Präcision in der Be=
wegung und Concentration der gewaltigen Truppen=
massen der jüngsten Kriege, wie sie überall zu Tage
trat, ist nicht das Resultat glücklicher Zufälligkeiten,
sondern sie ist die reife Frucht des rastlosen Mühens
während eines halben Jahrhunderts. Die „Musi=
kanten" des Papa Müffling haben nicht bloß Noten=
lesen, schreiben und spielen gelernt, sondern auch
das Partiturenschreiben. General Staff ist Com=
ponist geworden und ein Meister im Generalbaß
und der Harmonielehre, nach welcher die ganze

deutsche Armee nunmehr componirt ist. Mögen
seine Melodien immerhin im Auslande wenig An=
klang finden, die Bewunderung muß ihnen doch
werden und bleiben, wie der Wagnerschen Musik,
die seinen Gegnern auch nicht gefällt. Wir aber
wollen uns der Ueberzeugung erfreuen, daß die
Partituren des General Staff für uns ebenfalls
„Zukunfts=Musik" sind, die Freund Staff auf den
Buckel unserer Widersacher niederzuschreiben sich stets
bereit halten wird.

III.

General Staff als reifer Mann.

Wir erlauben uns, den geehrten Leser von der verlassenen Wohnung des jungen General Staff, Behrenstraße 66 in Berlin, durch das Brandenburger Thor nach dem Siegesplatz zu führen, allwo der reife Mann der That, der große General Staff, seine Wohnung aufgeschlagen, seine Friedenswerkstatt errichtet hat, um in derselben zu walten und zu wirken, denn es gibt keinen Stillstand; Stillstand ist Rückschritt und dieser dem General Staff unbekannt.

Ueber die heutige Organisation des preußischen Generalstabes schreibt ein politisches Tagesblatt wie folgt: „Ein Jeder kennt wohl das stattliche Gebäude am Königsplatz, welches dem Generalstabe der Armee erbaut ist, nicht Jeder aber wird eine Ahnung davon haben, welch kolossales Räderwerk in diesem

schweigsamen Hause durch die Hand des greisen
Moltke Jahr aus, Jahr ein in Betrieb gesetzt
werden muß, um die laufenden Arbeiten zu bewäl=
tigen. Aus einer Schilderung, welche der Haupt=
mann und Compagniechef Reuter über dieses nimmer
ruhende Gehirn der Armee gegeben, ist zu ersehen:
Der Generalstab zerfällt der Beschäftigung nach jetzt
in folgende Theile: 1) drei Abtheilungen zur Be=
arbeitung der fremden Armeen. Die eine Abtheilung
bearbeitet Oesterreich, Rußland, Schweden und Nor=
wegen, Dänemark, Türkei, Griechenland und Asien;
die zweite: Preußen, Deutschland, Italien und
Schweiz; die dritte: Frankreich, England, Belgien,
Niederlande, Spanien, Portugal und Amerika.
Dazu kommt eine Eisenbahn=Abtheilung. Diese hat
die Aufgabe, sich die genaueste Kenntniß über die
Eisenbahnen des In= und Auslandes zu verschaffen
behufs Bearbeitung der Fahrpläne und Fahrdispo=
sitionen für Friedens= und Kriegstransporte 2c. —
2) Die kriegsgeschichtliche Abtheilung bearbeitet und
veröffentlicht die Geschichte der Kriege. Alle Be=
richte der Truppen über die Details im Felde fließen
hier zusammen. — 3) Geographisch=statistische Ab=
theilung für die Militär=Geographie der Kriegs=
theater Europa's und die Verwaltung der Karten=
sammlung. Hierzu gehört ein besonderes photo=
graphisches Atelier in der Dorotheenstraße unter

Major Regely. — 4) Die topographische Abtheilung, welche die allmählige topographische Aufnahme des preußischen Staates besorgt. Diese Abtheilung be= schäftigt eine große Anzahl von Ingenieur=Geo= graphen, Zeichnern, Kupferstechern und Graveuren. — Einen riesigen Umfang für sich allein hat 5) das Bureau der Landes=Triangulation. Dasselbe hat seine eigenen Räume in der Schönebergerstraße 16. Es hat den Zweck, durch trigonometrische Netzlegung des Landes ein Dreiecksnetz zu schaffen, welches für alle Zeiten genügt, um als sichere Grundlage für die ferneren Vermessungen und Untersuchungen zu dienen. Dieses Bureau besteht aus sechs dirigiren= den Officieren, sieben aus der Armee commandirten Officieren, sieben angestellten Feuerwerks=Lieutenants und achtzehn Oberfeuerwerkern. — Dann folgt: 6) die Plankammer; 7) die Inspection der technischen Anstalten mit der Druckerei und 8) das Central= directorium für das Vermessungswesen im preußischen Staate unter Vorsitz des Grafen v. Moltke. Der heutige Generalstab setzt sich wie folgt zusammen: Chef: Graf Moltke; vier Abtheilungs=Chefs, vier= zehn Chefs bei den Armeecorps, ein Chef des Generalstabes der Artillerie, vierundfünfzig Stabs= officiere, sechsunddreißig Hauptleute. Im Neben= etat figuriren: vier Abtheilungschefs, sieben Stabs= officiere, achtzehn Hauptleute. — Das Beamten=

personal besteht aus einem Plankammer=Inspector, einem Vermessungs=Inspector, einem Expedienten, einem Inspector der technischen Anstalten, zehn Ingenieur=Geographen, dreizehn Registratoren, einem Botenmeister, zwei Kanzleidienern und zehn Hilfs= arbeitern."

Vor dem Generalstabsgebäude steht die Sieges= säule. Beim Anblick dieser rufen wir Dir zu:

„Wanderer steh und weine"

— über Deine Thorheit und Verblendung, wenn Du nur einen Augenblick glauben konntest, wir würden es wagen, in diesem Abschnitt nur mit einem Wort der Thaten zu gedenken, die Staff ruhmreich vollbrachte.

Die Geschichtschreiber unserer Tage, vor allen General Staff selber, wie die Berichterstatter aller Nationen, haben sie in allen Sprachen der Welt verkündet. Wir vermögen den Ruhm des würdigen Staff nicht zu vermehren, würden nur Gefahr laufen denselben zu verunglimpfen, namentlich durch das Gewand des Scherzes.

Wir müßten daher hier unsere Mittheilungen der historischen Traditionen über das Leben und Treiben des General Staff schließen, um — alles Ernste bei Seite lassend — von der Weltbühne hinter die Coulissen zu kriechen und dort das Treiben der

jungen Staffs in spe, der Trigonometer und Topo=
graphen zu belauschen.

Wir haben aber noch ein nicht uninteressantes
Kapitelchen nachzutragen, auf welches bereits im
ersten Abschnitt hingewiesen worden ist und bitten
den gütigen Leser uns zu folgen.

IV.

Die Stiefkinder des General Staff.

Wir hatten im erſten Abſchnitt bereits des Ingenieur-Geographen-Corps gedacht, aus deſſen Mitte nicht allein ein Chef des Generalſtabs der Armee und andere höhere Officiere, ſondern auch Gelehrte, wie z. B. der Profeſſor Dr. Heinrich Berghaus, hervorgegangen waren.

Die als ein klaſſiſches Werk noch heut als einzig daſtehende, ſogenannte „Reymann'ſche" Specialkarte von Deutſchland iſt die Rieſenarbeit dieſes Gelehrten in Gemeinſchaft mit dem als Plankammer-Inſpektor des großen Generalſtabes verſtorbenen Hauptmann und Ingenieur-Geographen Reymann. Aber auch andern Mitgliedern des Corps wurden die goldene Verdienſtmedaille und andere Orden- und Ehrenzeichen als Anerkennung für wiſſenſchaftliche Verdienſte verliehen.

Dennoch wurden dieſe rechten und echten Kinder

des General Staff, i. e. des Papa Müffling, als
Stiefkinder betrachtet und behandelt, das kleine
Corps der Ingenieur=Geographen so dem Untergange
entgegengeführt, der sich mit desto schnelleren Schritten
vollzog, jemehr die Eleven der Kriegsschule das
Bedürfniß an geschulten Ingenieur=Geographen für
die topographische und trigonometrische Abtheilung
des großen Generalstabes in den Hintergrund
drängten. Zwar wurden noch Expectanten für dieß
Corps zum Examen zugelassen, aber es fand kein
Ausscheiden der älteren Mitglieder durch Weiter=
beförderung in der Armee mehr statt, und somit
traten nur selten Vacanzen ein.

Der Andrang von Kriegsschülern zu den etats=
mäßigen dreißig Stellen des topographischen Bureaus
wurde mit jedem Jahre größer, so daß von einer
Zulassung der Ingenieur=Geographen zu den Ver=
messungen bald gar nicht mehr die Rede war. Nur
im trigonometrischen Bureau erhielt sich ein kleiner
Stamm derselben, da bei der geringen Anzahl von
Officieren, die bei der trigonometrischen Abtheilung
verwendet werden konnten, doch zu manchen Ar=
beiten, wenn sie brauchbare Resultate liefern sollten,
unbedingt routinirte Trigonometer erforderlich waren.
Ebenso zur Einführung der Neueintretenden in die
Mysterien der trigonometrisch=geodätischen Kunst, zu
deren Ausübung ebenso wie zur topographischen

Abtheilung Officiere, jedoch nur solche, auf drei
Jahre commandirt wurden, welche auf der Kriegsschule den facultativen Cursus der höheren Mathematik durchgemacht hatten.

Die übrigen, nach und nach sehr gealterten
Ingenieur-Geographen wurden nur noch als Zeichner,
Lithographen der Generalstabskarte, Pantographen,
auch wohl als Gehülfen des Plankammer-Inspectors
verwendet. Sie bildeten ein Zwitterding zwischen
einem Generalstabs-Officier und einem Militärbeamten, waren „weder Fleisch noch Fisch," schwam-
men aber jedenfalls in trübem Wasser — mit be-
moostem Haupt.

Schon durch ihre äußere Erscheinung gab sich
dieß kund, wovon die armen Schildwachen früher
zu erzählen wußten. — Da erscheint plötzlich um
die Straßenecke ein nicht allein durch die breiten
Streifen an den Beinkleidern, sondern vielleicht auch
durch Alter, Embonpoint ꝛc. den General repräsen-
tirender Officier mit Federhut; den Uniformsfrack,
mit einer Reihe flacher Knöpfe (gleich der damaligen
Interims-Uniform der Generale) zieren breite Silber-
litzen auf den schwarzsammtnen Aufschlägen und
Kragen. Die Schildwache stutzt, weiß nicht ob
sie schultern oder präsentiren soll, recapitulirt in
der Eile sämmtliche Paragraphen der Instruction,
die alle nicht passen wollen und thut endlich weder

das Eine noch das Andere, sondern schlägt mit „Gewehr über“ einen Hasenhaken, als sie noch rechtzeitig bemerkt, daß an dem fraglichen Indi= viduum zwar das silberne Portepée den Officier documentirt, aber eine Hauptsache zur Legitimation als General oder Officier fehlt — die Epauletten! Was nützt dem Soldaten „der Mäntel wenn er nicht gewickelt ist“ und was thut eine intelligente Schildwache mit einem Officier ohne Epaulettes, nicht einmal mit den Passanten dazu auf den Schultern? Sie kehrt demselben mit „Gewehr über“ den Rücken und der nicht honorirte Pseudogeneral guckt ver= schämt zur Erde oder ins Blaue, resp. Graue, der Residenz.

Dieß Unglück wäre nun wohl noch zu ertragen gewesen in Friedenszeiten und in den Straßen Berlins. In Anbetracht etwaiger Kriegsverhält= nisse aber schien es denn doch bedenklich, die In= genieur-Geographen in eine der Armee unbekannten Uniform zu stecken und sie bei Recognoscirungen und Vermessungen auf dem Kriegsschauplatze der Gefahr auszusetzen, von den Vorposten arretirt zu werden.

Daher rührte es, daß endlich den Petitionen der Ingenieur = Geographen Gehör geschenkt und denselben die Generalstabs-Uniform verliehen wurde. Mißgünstige Einflüsse wußten denselben aber dennoch etwas aufzuhängen und sie erhielten (trotz Cabinets-Ordre) neben den blauen Aermelaufschlägen auch noch einen schwarzen, statt des weißen Federbusches auf dem Generalstabshut; derselbe wurde auch so lange beibehalten, bis der Helm mit weißem Haarbusch die Federhüte des Generalstabes überhaupt verdrängte.

„Freude war in Trojas Hallen" nach dieser Metamorphose, denn nunmehr konnten auch die anderen Auszeichnungen der Officiere vor den Militärbeamten, den Ingenieur-Geographen nicht mehr vorenthalten werden. Den älteren Herren mußte daher auch sofort das goldene Kreuz für fünfundzwanzigjährige Dienste auf die bereits mit Kriegsdenkmünze und Orden 2c. decorirte Brust gehängt werden.

So waren denn die Generalstabslieutenants mit grauen Haaren fertig, über die sich ein Correspondent der „Vossischen Zeitung" mit der Frage lustig machte: „Wer wandert so spät noch durch Nacht und Wind?" — als grauer Lieutenant nämlich.

Aber noch andere Fragen hätten gethan werden können, wenn man den ganzen Generalstab mit seinem Appendix, den Ingenieur-Geographen, versammelt gesehen hätte.

Wie erwähnt war das Ingenieur-Geographen-Corps dem französischen nachgebildet, an dessen

Spitze der Oberst Tranchot stand, und das sein
regelrechtes Avancement unter sich und in der Armee
hatte. — An der Spitze des preußisch = trigono=
metrischen, wie topographischen Bureaus standen
aber keine Officiere des Generalstabes, auch keine
des Ingenieur = Geographen = Corps, sondern zwei
Officiere des Kriegsministeriums, das, wie bekannt,
Goldstickerei statt der Silberstickerei des General=
stabes auf den carmoisinrothen Kragen und Auf=
schlägen trägt. — „Wie kommt Saul unter die
Propheten?" Wir hatten bereits im ersten Abschnitt
erwähnt, daß der große Generalstab früher das
zweite Departement des Kriegsministeriums bildete
und so war Saul zu den Propheten übergegangen,
als diese nicht mehr „die Stiefkinder des Kriegs=
Ministeriums," wie sie sich zuweilen nannten,
spielen wollten, sondern, sich auf die erlangte
Majorennität berufend, eine selbstständige Stellung
beanspruchten, und sie als „Generalstab der Armee"
resp. „Großer Generalstab," erhalten hatten.

Trotz neuer Uniform alterte das Corps der
Ingenieur = Geographen, die als Stiefkinder des
Generalstabes immer tiefer in Geringschätzung und
Vergessenheit versanken, selbst da, wo es sich darum
handelte, dem Einen oder Anderen ein der Stellung
angemessenes Avancement zu eröffnen. An die
Spitze der Plankammer trat nach dem Tode des

Hauptmann Reymann kein anderer Ingenieur=
Geograph etwa wieder ein, sondern es wurde dieses
Amt an einen Premierlieutenant des Ingenieur=
Corps vergeben, welcher als Hauptmann verab=
schiedet, als solcher mit der Armee=Uniform in die
Stelle desselben und als Rendant zugleich eintrat.
Es war nicht allein ein tüchtiger, sondern auch ein
ganz lieber Mann — besonders an Zahltagen.
Aber eine komische Figur spielte er doch neben
mancher anderen im Generalstab. Sein schönes,
großes Augenpaar hätte zu einer ganz anderen
Gestalt noch ausgereicht, wie für das fast kleine
Männchen der Wasserkur mit den dürren Beinen.
Diese waren ebenso beweglich wie das Augenpaar,
das in fortwährendem Auf und Nieder, dem Pendel
eines Metronomen glich, das auf allegro zwei
Vierteltact seine Schuldigkeit thut. Bezaubernd aber
war der Anblick, wenn der Herr Hauptmann im
Uniformsschniepel eiligen Schrittes zur Retirade
trippelte, wobei der Federhut aufgestülpt wurde;
denn Schniepel und Federhut waren dazumal noch
nicht durch Waffenrock und Helm verdrängt, aber
Freunde der Wasserkuren scheuten auch damals
schon den leisesten Zugwind, gegen den selbst ein
Federhut, und sogar anmuthig schützt. Das wußte
der Herr Hauptmann.

Ein anderer Officier der Armee (Major Kurtz)

wurde an die Spitze des königl. lithographischen Instituts gestellt — nicht ohne Spitznamen, — zu dem die Ueberreichung eines Pinschers an die Fürstin v. L. Veranlassung gegeben hatte. Der an der Spitze der lithographischen Abtheilung des General= stabs stehende Hauptmann der Armee, Rasch, wurde verabschiedet, als es sich darum handelte, einen schleswig=holsteinischen Feldmesser, welcher in den Kriegsjahren 1848—1850 als Quartiermeister gute Dienste geleistet, im Uebrigen nie Soldat gewesen war, der preußischen Arme als Hauptmann einzu= verleiben — ein Vorgang, der wohl nicht allein in der preußischen Armee als Unicum dastehen dürfte.

Für königl. preußische Ingenieur=Geographen, die zum Theil schon im Befreiungskriege gute Dienste geleistet und Examina bestanden hatten, gab es weder Avancement noch Pfründen — es waren eben Stiefkinder, die als Aschenbrödel sehr nützlich, sonst aber zuweilen lästig waren.

Als Vermessungs=Dirigenten der einzelnen Ab= theilungen wirkten schon längst Hauptleute oder Majore des Generalstabes, nachdem der Oberst= lieutenant der Armee v. Cronenthal, der mit der sächsischen Generalstabskarte an Preußen gekommen war, so wie der Major a. D. v. Rau zur großen Armee abgegangen waren. Die sogenannten Dirigen= ten der trigonometrischen und topographischen Ab=

theilung des Generalstabes' standen nunmehr nur
noch als quasi Bureauchefs bis an ihr seliges Ende
groß da — in ihrer Goldstickerei des Kriegs=
ministeriums. Das ist nun keineswegs wörtlich zu
nehmen. Die Natur schon hatte ihnen versagt,
was man bei gewöhnlichen Menschenkindern „das
Militärmaß" zu nennen pflegt; aber preußische
Officiere werden auch nicht nach der Elle bemessen,
seit der alte Fritz bis zur Evidenz nachgewiesen,
daß sich nicht bloß Gemüse= und Pferdefutter,
sondern auch Geistes=Capacität sehr wohl com=
primiren läßt.

Von der geistigen Größe der beiden Oberstlieu=
tenants v. Desfeld und Knackfuß berichtet Geschichte
und Tradition nur wenig. Wohl hat sich v. Des=
feld das Verdienst der Fortsetzung der Reymannschen
Karte von Deutschland erworben, die er nach dem
Tode Reymanns für 13,000 Thaler — glaube ich
— ankaufte, zu welchem Zweck ihm der Staat diese
Summe zinsfrei vorstreckte. (Später ging die Karte
an die Flemmingsche Verlagsbuchhandlung über.)
Außerdem ist seine Kritik aller Kartenwerke bekannt,
von der er selbst mit seiner sehr feinen und spitzen
Stimme, die ganz zu dem dünnen Miniaturkörper=
chen paßte, sagte: „Ich führe eine sehr spitze Feder!"
Davon wußte nun freilich mancher Autor karto=
graphischer Werke, die nicht gerade klassisch ausge=

fallen waren, zu erzählen. Vielleicht veranlaßte dieß auch den General Krauseneck, sich von allen karto=graphischen Excursionen frei zu halten und mit Be=ziehung auf den anders gestimmten General R. v. L. gelegentlich zu äußern: „Ich bin kein Kartenfabri=kant." Das war nun freilich unrichtig, denn der Chef des Generalstabes ist heutzutage nicht bloß in Preußen, sondern auch in jedem andern Staate ex officio der erste „Kartenfabrikant."

Auf die Geistesgröße des biedern Knackfuß ist schon aus dem im I. Abschnitt Gesagten zu schließen und sei hier noch bemerkt, daß er es bei der Vor=reitung seines Paradepferdes, der Karte des Harz=gebirges, es nie unterließ, das Gespräch auf den „Meridian und Perpendikel von Berlin" zu lenken. Das klang außerordentlich gelehrt, imponirte, da es gewisse verwandtschaftliche Beziehungen zur Astro=nomie andeutete, sonst aber nur die einfache Be=deutung hatte, daß die ersten topographischen Auf=nahmen nach Quadratmeilen stattfanden, deren Grenzen im trigonometrischen Bureau nach dem Meridian und Perpendikel von Berlin berechnet und auf die Meßtische getragen wurden, bis später die Eintheilung nach Gradabtheilungen, deren jede sechzig Meßtischblätter von zehn Minuten geographischer Länge und sechs Minuten geographischer Breite ent=hielt, Platz griff.

Mit diesen beiden Chefs aus dem II. Departement des Kriegsministeriums an der Spitze der Ingenieur = Geographen, hätte dieß kleine Corps eine
köstliche Krähwinkler Parade abgegeben, wenn eine
solche — wie es glücklicherweise sorgsam vermieden
wurde — vielleicht bei irgend einer Gelegenheit
hätte für zweckdienlich erachtet werden sollen. Herr
des Himmels! eine Ingenieur = Geographen = Parade
— vielleicht zu Pferde, wie es dem Felddienst des
Corps doch angemessen gewesen wäre! Für preußische
Augen wäre ein solcher Aufzug ein noch größeres
Gaudium gewesen als das der Garden anno 1848
vor Rendsburg, als ihnen Prinz Friedrich Noer
von Schleswig = Holstein, als commandirender General der schleswig=holsteinischen Truppen, in rosti-
gem Costüm, von fabelhaftem Schnitt und Aussehen
entgegenritt, um den erhofften Befreiern von däni-
scher Thrannei, den neuen Bundesgenossen, die Hon-
neurs zu machen, sie in die so eben stillschweigend
eroberte Festung des heiligen Römischen Reichs ein-
zuführen.

Wir dürfen nämlich nicht vergessen, daß auch
die biedern Ingenieur=Geographen ihre Herzen mit
der Länge der Zeit den menschlichen Regungen er-
schlossen und Familien gegründet hatten, umsomehr
als ihnen hierin wenigstens keine wesentlichen Hindernisse in den Weg gelegt, namentlich kein 12,000 Thaler-

Commiß-Paragraph zwischen die Beine geworfen
wurde, um sie auf dem Wege des Glücks stolpern
zu laffen. Der rechtschaffene Familienvater geht
aber ökonomisch zu Werke bei der Anschaffung von
Luxusartikeln und die filbergestickten Uniformen
waren daher nicht alle gerade den erften Officinen der
Hof= und Gardelieferanten entschlüpft, hatten auch
vielleicht nicht in der allerletzten Saison das Licht
der Welt erblickt. Immer aber konnten doch die
Federhüte ebensowohl noch einen Vergleich ertragen
mit dem antediluvianischen Kopfinftitut des Prinzen
Noer, wie die ftarken hirschledernen Waschhandschuhe,
welche auf einige Jahrzehnte dem Verfall Trotz zu
bieten im Stande waren.

Der Wellenschlag des Jahres 1848 ging auch
am Ingenieur=Geographen=Corps nicht spurlos vor=
über. Die jüngften Mitglieder des Corps konnten
dem fruchtlofen Jammer der Alten nicht mehr mit
ruhigem Blut zuhören und zufehen. Sie hatten ja
den Spiegel ihrer eigenen Zukunft vor Augen und
glaubten, bei dem der Armee bevorftehenden Organi=
fationswechfel, aus der refignirten Paffivität heraus=
treten und die Aufmerkfamkeit des Kriegsminifteriums
auf die Leiden der Stief= und Schmerzenskinder des
großen Generalftabs lenken zu müffen. An die
Wandelbarkeit des Schickfals waren fie ohnedieß
durch die Verabschiedung des Chefs des General=

stabes der Armee, des ehemaligen Ingenieur-Geographen, erinnert worden und keiner der Ingenieur-Geographen, selbst der jüngste und kühnste derselben, fühlte so etwas wie Marschallstab in seinem Tornister voll Zukunftsforgen, nicht einer hegte die Hoffnung, die lange militärische Laufbahn als Chef des Generalstabes der Armee, als ein General Staff, den die Engländer suchen, beenden zu können. Von fern aber ließ sich doch erhoffen, das fünfzigjährige Dienstjubiläum nicht in derselben silbergestickten Lieutenantsuniform feiern zu müssen, der bereits das goldene Kreuz mit kornblauem Bande beim fünfundzwanzigjährigen Dienstjubiläum aufgebunden worden war. — Nur die Jugend hofft, wenn das Alter resignirt trauert, aber insofern dieselbe in preußischer Uniform steckt, kennt sie auch die Strenge der „Kriegsartikel," nach denen nie mehr als zwei Militärs gleichzeitig bei ihren Vorgesetzten vorstellig werden dürfen. So übernahmen die beiden Jüngsten des Corps die Ausarbeitung eines Promemoria, in welchem sie die erhobenen Ansprüche auf Gelegenheit zu weiterer wissenschaftlicher Ausbildung, Vorbereitung im Frieden für den Beruf im Kriege durch Theilnahme an Manövern und Generalstabsübungen, Herstellung eines angemessenen Avancements-Modus, sowie Berücksichtigung des Corps bei der vom Generalstab ressortirenden und zu besetzenden Aemter, als

Plankammer-Inspector, lithographisches Institut 2c. wohl motivirten.

Dieß Promemoria wirbelte viel Staub auf. Es wurden höheren Orts Berichte gefordert und vom Generalstabe geliefert, nach denen der status quo unmöglich aufrecht erhalten werden konnte. General Rheyer konnte sein Versprechen in die Hand: „es soll gewiß besser werden!" nicht erfüllen, es wurde nur anders. Nach Prüfung der Sachlage entschied Seine Majestät der König die Auflösung des Corps, das nunmehr auf den Aussterbe-Etat gesetzt wurde. Die beiden letzten Ingenieur-Geographen wurden endlich mit Charakter-Erhöhung und der Erlaubniß die Uniform des Generalstabes mit dem Zeichen für Verabschiedete zu tragen, pensionirt, jedoch weiter dienstlich verwendet.

So endete nach fast vierzig Jahren ein Institut der preußischen Armee fast zu der gleichen Zeit, als dasselbe in Oesterreich aus Officieren der Armee erst organisirt wurde. Zwar hat der Generalstab noch heut seine Ingenieur-Geographen, jedoch sind dieß Feuerwerker, Oberfeuerwerker oder andere Personen des Unterofficierstandes, welche kein besonderes Examen abzulegen und daher auch keinen Officierrang haben, sondern einfach als Militärbeamte in der Uniform solcher fungiren.

Möge Hofrath Hackländer seine Feder spitzen, um

dem „letzten Ingenieur-Geographen," d. h. dem letzten
„Lieutenant und Ingenieur-Geographen des großen
Generalstabes" eine Humoreske zuzuwenden, wie
ehedem dem „letzten Bombardier" der Artillerie.

Noch lebt der greise, aber jugendfrische Trigonometer Bertram, der schon 1815 als Fähnrich des
Ingenieur-Corps mit den Verbündeten in Paris
einzog, aber schon damals insofern nicht vom Glück
begünstigt wurde, als er, nach der Plünderung von
St. Germain, anstatt der benöthigten Leibwäsche auf
die er fahndete, mit einem Packet Werthpapiere vor-
lieb nehmen mußte, die sich als Assignaten der Werth-
schätzung als Fidibus empfahlen. Er begleitete den
rühmlichst bekannten Geodäten, General Baeyer auf
allen geodätischen Excursionen und war mit ihm
ebenso vergnügt am Rhein beim Genusse von Lachs
und Krametsvögeln, wie bei geräucherten Krähen in
Ostpreußen. Auch ihm sollte einmal die Stunde des
Avancements schlagen, doch ward er leider schon „zu
alt" zum Avanciren befunden. Der Marschallstab
guckte auch ihm einmal mit der äußersten Spitze aus
dem Tornister, als er zum Vermessungs-Dirigenten
nach Altenburg commandirt, dort aber anno 1848
von den eingeborenen Concurrenz-Geodäten wieder
zum Ländchen hinausgebissen wurde. Er nahm zu
an Alter wie an Weisheit und Verstand, dieß jedoch
in höherem Maße wie an Charge und Gehalt,

und wird „dem Herrn ergeben" seine geodätische Laufbahn wohl zwischen Logarithmentafeln, trigono= metrischen Punkten, Dreiecken und Signalen dereinst beschließen. Der von ihm so unendlich oft ange= wandte „logarithmus sinus für eine Secunde" wäre dann ein seiner würdiges und dabei vielsagendes Epitaphium.

Allotria aus dem Leben der Trigonometer.

Ein jeder Officier und auch manch' Anderer weiß, was für komische Episoden den Dienst begleiten, wenn derselbe in das Einquartierungsleben hinüberspielt. — Dem alltäglichen Dienstleben entrissen, in Gottes schöner freier Natur und dadurch an und für sich schon freudig angeregt, bedarf es nur geringfügiger Umstände, um uns in komische Situationen hinein zu treiben. Ergeben sich solche nicht von selber, so werden sie leicht geschaffen und es müßte der größte Misanthrop sein, der nicht eine Menge von lustigen Einquartierungsgeschichten in petto hätte, um sie gelegentlich mit Kameraden austauschen zu können.

Für den Trigonometer findet sich noch leichter die Gelegenheit dazu, weil er seine Reisen in größeren Sprüngen macht, seinen Aufenthalt oft sehr vereinsamt nehmen, noch vereinsamter seinen Dienst auf Thürmen, hohen Bergen und Ruinen verrichten muß. Seine für die Menge wunderbaren Anstalten und Instrumente sind stets ein Gegenstand des höchsten Interesses und der unbezähmbarsten Neugierde Aller.

Leider gehen die meisten so hervorgerufenen Geschichtchen der Nachwelt verloren und auch wir müssen uns darauf beschränken nur Einiges von dem vielen Erlebten oder Gehörten hier aufzuführen, soweit es sich in der Erinnerung oder als Bruchstücke aus dem Tagebuch längst geschwundener Zeiten erhalten hat.

Manche der, für den Trigonometer selbst oft nicht sehr erfreulichen Situationen, sind durch Zeichnungen dargestellt worden, zu denen kaum einige Worte der Erläuterung nothwendig sein würden, hätten wir sie zur Hand.

Selbstredend spielen dergleichen Geschichten nicht in den seltensten Fällen auf und in alten Kirchthürmen, denn der Trigonometer ist ein Mensch, der immer das Höchste mit Umsicht zu erreichen strebt. Und mit welchen Mühseligkeiten muß er seinen erhabenen Standpunkt nicht erst erkämpfen! Verfallene Treppen, vom Zahn der Zeit und vom Wurm zerfressene Leitern führen in die höheren Regionen, die von Dohlen und Eulen mit ihren ungezählten Ahnen, seit Jahrhunderten vielleicht, als rechtmäßige und alleinige Domäne betrachtet wurden.

Das ist ein Gekrächze und Geschrei, wenn die wilde
Jagd durch die Luken und Schalllöcher ins Weite
flüchtet. Dicke Staubwolken umwirbeln das sorgen-
schwere Haupt des Trigonometers, der ja nur ein
stilles Plätzchen sucht, nicht um ruhen, sondern
den Theodoliten aufstellen und arbeiten zu können.
Darum so viel Geschrei! Freilich wird meist erst
Friedrich oder Johann, der dicke Pommer oder West-
phale, als Tirailleur vorangeschickt, ehe der Lieutenant
Sinus selbst den Gang nach dem Eisenhammer mit
dem kostbaren Instrument in der Hand antritt; aber
einmal muß er doch gewagt werden.

Wenn nun auch der Lieutenant nicht Gefahr
läuft seinen Rückzug so, wie wir es im ersten Abschnitt vom Papa Müffling berichteten, gefährdet
zu sehen, so ist doch nicht zu leugnen, daß man sich
in alten Thürmen ebenso wie in Felsgebirgen ver-
steigen kann. Vorwärts strebt man mit Gesicht
und Gedanken nach oben. Soll es aber zurückgehen,
so wird man erst gewahr, wie heilsam unter allen
Umständen für den Officier die tactische Regel ist,
stets des Rückzuges zu gedenken. Der im Felde
stürmende Officier wird denselben nur selten antreten; hier vom himmelanstürmenden Trigonometer
muß er aber unter allen Umständen vollzogen werden und wäre es mit zugedrückten Augen, um die
Abgründe zu übersehen, die leichtfertig überklettert

wurden und die nun den Meßkünstler sammt Zauber=
apparat zu verschlingen drohen.

Es ist jammerschade, daß so viele hübsche Ge=
schichtchen entweder nur in den kleinsten Kreisen
bekannt werden oder der Welt ganz und gar ver=
loren gehen. So war es denn gewiß ein verdienst=
liches Unternehmen, als die Mitglieder des trigono=
metrischen Bureaus eines schönen Tages den Ent=
schluß faßten, zu retten was noch zu retten war,
d. h. alle Erinnerungen an komische Scenen zu
sammeln, zu skizziren und die Blätter als trigono=
metrisches Album zusammen zu legen und auf die
Nachwelt zu übertragen.

Die Idee war gewiß gut, aber die Ausführung
nicht leicht, obgleich ein ebenso guter trigonometri=
scher Kamerad wie gewandter Zeichner, sich sofort
dazu bereit erklärte. — „Das war eine herrliche
Zeit," besonders als die trigonometrischen Hofpoeten
dem Hogarth schleunigst zur Seite traten und den
Zauber seiner Bilder in Knüttelversen besangen,
wie sie noch durch keine Kinderfibel übertroffen
worden sind.

Müssen wir, zu unserem größten Bedauern,
unser Album vor den Augen des geneigten Lesers
verschlossen halten, so halten wir uns umsomehr
für verpflichtet, eine kleine Blumenlese unter den
Fibelversen zu halten. Die Phantasie des Lesers

erhält dadurch so reiche Nahrung, daß es nur weniger erklärender Worte noch bedarf, um die Skizzen
in immer neuer Auflage vor dem Auge der Seele
vorüber ziehen zu lassen, während sie dem leiblichen
Auge vorenthalten bleiben.

Unser Hauptbild, das Generalstabs=Diner auf
der Landstraße, ist ohne Knüttelverse glücklich davon
gekommen. Der Mangel derselben wird weniger
fühlbar sein, nachdem wir in der Humoreske „Nach
zwanzig Jahren" Gelegenheit fanden zu einer detail-
lirten Beschreibung der ergötzlichen Situation.

Zu Ehren Hogarths, des trigonometrischen,
greifen wir nunmehr nach einem andern Blatt mit
der geistreichen Erläuterung des Hofpoeten:

> Hier sehen wir den Lieutenant Wrangel,
> Wie er ganz lustig, ohne Angel,
> Bei Dobrilug im Wasser fischt. —
> Statt neben fuhr er in die Elster
> Und schreit: „Um Gottes Willen helft mer!
> Eh mir das Lebenslicht erlischt."

Gott sei Dank! Ihm ist geholfen worden und
damit uns und der Wissenschaft. Die Wellen schlugen
nicht hoch, das Flußbett war zwar weich und
naß, aber nicht tief. Kein Wunder also, daß
das würdige Haupt des Meßkünstlers alsbald das
Licht der Sonne wieder erblickte und Umschau hielt

nach den schwimmenden Beobachtungs-Journalen,
Logarithmen-Tafeln und schlechten Dreiecken, die
nicht zu Wasser werden durften. Franz brachte
instinctmäßig den Theodolitenkasten aufs Trockene.
Um die sich schüttelnden Pferdeköpfe und den triefen-
den Schafskopf von Kutscher kümmerte sich verdienter-
maßen weder Herr noch Diener. Verschnupft waren
nach der Wasserpartie Alle — der Herr Lieutenant
aber am meisten.

A propos — Theodolitenkasten! Da fällt uns
gleich ein anderes Blatt in die Hand.

Ein schönes Ritterschloß, umgeben mit einem
Burggraben, über den eine Brücke führt, ist das
Reiseziel des Hauptmanns v. M. Derselbe steuert
per pedes Apostolorum dem Schlosse zu in un-
scheinbarem Reisekleide. Extrapost oder anderes
Fuhrwerk war zum größten Leidwesen des Dieners
und Gehülfen auf mehrere Meilen im Umkreise nicht
aufzutreiben. Für solche Fälle wird der Zauber-
kasten in die Kategorie der Tragkiepen versetzt und
dem Herrn Gehülfen auf den Rücken gehängt.
Eine solche Karawane des wandernden Herrn und
keuchenden Gehülfen hat nun allerdings etwas Aben-
teuerliches und Unvergleichliches. Dennoch fand ein
altes, vor der Brücke kauerndes Bettelweib sofort
den richtigen Vergleich heraus, der unsern Poeten
zu den schönen Versen begeisterte:

Der Trigonometer mit seinen Waffen,
Wird hier gehalten für'n Künstler mit Affen.
Ein altes Weib ruft ohne Ruh'
In ihrer Herzensgüt' ihm zu:
„Ach, lieber Herr, hier werden Sie —
Wohl ooch nich viel verdienen!"

Die arme Frau muß böse Erfahrungen im Schloß gemacht haben. Wir haben daher den Namen des Besitzers vorsichtig verschwiegen.

Erwähnen wir noch des Umstandes, daß der Theodolitenkasten, seiner Lederhülle entledigt, von geschickten Dienstgehülfen auf den Beobachtungs-stationen neben den wissenschaftlichen auch zu man-chen praktischen, echt hausbackenen Zwecken, wie z. B. um darin Kaffee zu kochen, verwendet wird. An Neugierigen fehlt es auf Beobachtungspunkten selten, und daß solche die Brauerei mit als geheim-nißvolles Vermessungsgeschäft betrachten, ist selbst-redend. Sehr schön ist eine solche trigonometrische Kaffeekochscene dargestellt und mit den Versen erklärt:

Der Bauer ist ein dummes Vieh,
Solch Kaffeebrauen sah er nie.
Ihm wird **ad oculos** demonstrirt,
Wie der Gelehrte ihn filtrirt.

„Der Krug geht so lange zu Wasser bis der Henkel bricht," sagt das Sprüchwort und eine Leiter-

sproffe hält auch nur so lange aus bis sie bricht,
das sollte jeder Trigonometer bedenken, wenn er
nicht zu Schaden kommen will wie Lieutenant v. C.
nach dem folgenden Blatt:

Es zeigt dieß Bild, wie eine Leiter
Ein Unglück bald herbeigeführt
Und darum ist es viel gescheidter,
Wenn man sich nicht vom Boden rührt.

Lieutenant v. C. mußte aber nothwendigerweise
vom sicheren Erdboden über die morschen Sprossen
einer schwankenden Leiter in die Höhe klettern.
Friedrich hatte derselben nie recht getraut und trat
deßhalb, steigend, hübsch seitwärts, dicht an die
Leiterbäume, was v. C. zwar auch zu thun pflegte.
Eines Tages aber, am Schluß der Arbeit, mußte
er wohl weniger vorsichtig gewesen sein; eine Sprosse
der Leiter zu seinem Ruhme brach und v. C. wäre
vielleicht an das Ende seiner geodätischen Laufbahn
angelangt, hätte nicht der brave Friedrich mit kräf=
tiger Faust den Mantelkragen seines Herrn erfaßt
und sich so zum Herrn der Situation gemacht, die
ihm die Aussicht auf eine Rettungsmedaille eröffnete.
Ob er sie erhalten, wissen wir nicht. Verdient hatte
er sie doppelt, denn nicht bloß Lieutenant v. C.
wurde vom Untergange bewahrt, sondern auch der
kostbare Theodolit. Friedrich und v. C. waren sich

seitdem aber darüber einig, daß es mitunter doch nützlich sei, wenn „der Mäntel" auch nicht gewickelt ist.

Daß v. C. überhaupt bemäntelt zur Arbeit ging, kann nur diejenigen befremden, welchen es unbekannt ist, daß v. C. stark an Rheumatismus litt, der ihn bei den Herbststürmen und den Zuglöchern der alten Thürme zur Vorsicht mahnte. Freilich wurde die Situation dadurch nicht immer gebessert, wie die Illustration einer anderen Scene lehrt.

> Es schaut v. C. nach Biesdorf aus,
> Doch bald erfaßt der Sturm — o Graus!
> Den Lieutenant am Mantelkragen;
> Die Mütze wird davon getragen;
> Der Schirm klappt sich noch rückwärts um
> Und Friedrich ruft: „Herr Gott, wie dumm!
> Heut is es mit die Arbeit nischt —
> Hätt' ich die Mütz' nur erst erwischt!"

Einen sichern Standpunkt für sich und den Theodolit zu gewinnen, ist häufig nicht die geringste Sorge des Trigonometers. Hier kann er den Theodolit, dort sich selber nicht aufstellen und von anderen geeigneten Punkten wiederum nichts sehen und messen. Auf den Thurmknopf kann er doch nicht klettern, der ja ohnedieß vom Wetterhahn occupirt wird. „Aber dieß Schalloch!" ruft er plötzlich, „da läßt sich prächtig eine Aufstellung nehmen. Wie nur hinkommen?"

Mit Mühe hat der Lieutenant sich
Zur Luke hingeschlichen
Und glaubet hier fein säuberlich
All'm Unheil ausgewichen,
Da zieht der Küster an den Strang
Und schwingt die großen Glocken.
Der Künstler denkt sein Lebenlang,
Wie er hat müssen hocken.

Anders, aber nicht besser, erging es einem Kameraden der Trigonometrie, den die Verhält=
nisse zwangen sich, statt in dem verbauten Schall=
loch selbst, auf dem Glockenstuhl vor demselben
zu etabliren. Zwar war die Situation keine be=
queme, da die Winkelmessungen halb liegend, halb
reitend, vorgenommen werden mußten. Aber unser
reitender Lieutenant war froh und vergnügt auf
seinem Glockenstuhl:

Die Arbeit wurde hier so leicht
Dem fleiß'gen Trig'nometer;
Doch plötzlich ihm der Standpunkt weicht,
Trotz Schreiens „Mordiozeter!" —
Es wird vom Glöckner dienstbeflissen
Nach Vorschrift an dem Seil gerissen.
Und auf der Glocke: bim bam, bum,
Wälzt sich der arme Lieutnant 'rum.

Es darf daher nicht befremden, wenn der Tri=
gonometer den großen Glocken etwas abhold ist

und nicht ohne Scheu die bei denselben meist vor-
beiführenden langen Leitern betritt, sobald der
Thurm mit einer Uhr versehen ist. Er duckt sich
zusammen, wenn die Uhr mit bekanntem kurzen
Geknack zum Schlagen aushebt, was merkwürdiger
oder maliciöser Weise fast immer gerade dann
geschieht, wenn sich der Kopf in der unmittel-
barsten Nähe der Glocken befindet. Bum! saust
es gleich darauf um die Ohren und in dieselben,
zwar etwas harmonischer wie ein Kanonenschlag,
aber nicht viel angenehmer, trotz der Musik die
darin liegt.

Die geschilderten kleinen Leiden treffen nun
aber meist nur solche Trigonometer, welche mit der
kleineren Triangulation, d. h. mit der Festlegung
der Dreieckspunkte zweiter und dritter Ordnung,
deren der Topograph für jede Meßtischfläche mehrerer
bedarf, beschäftigt ist. So weit es angeht, wird
er zu solchen Punkten die Bergspitzen benützen,
welche eine Umsicht gewähren. Da ist denn bald
ein Observatorium hergerichtet durch Eingraben
eines Pfahles zum Aufstellen eines Theodoliten. Ein
paar Stangen darüber als Pyramide aufgestellt,
die Spitzen verbunden und mit einer Strohwiege versehen, vollenden das Kunstwerk eines trigonometrischen Signales, auf das der Erbauer, Friedrich
oder Johann, nicht ohne Stolz blickt. Der Trigo-

nometer spricht seinen Segen darüber und freut
sich, wenn es nach acht Tagen noch nicht von den
Bauern gestohlen, oder von den Rinderheerden um=
gerissen ist. Nach einer solchen Probewoche ist dann
schon eher die Möglichkeit vorhanden, daß der
arme Topograph im anderen Sommer sein Signal
nicht bloß auf dem Meßtisch, sondern auch im
Felde vor Augen hat.

Anders und besser ist es dagegen mit den Sig=
nalen und Observatorien bestellt, welche von den
Trigonometern höhern Ranges, die sich nur mit
Festlegung der Dreieckspunkte erster und zweiter
Ordnung, welche das Hauptdreiecksnetz des Landes
bilden, befassen, festgelegt und berechnet werden.
Da werden Beobachtungspfeiler gemauert, Signale
gezimmert, die den böswilligen Menschen und Rindern
überhaupt, aber besonders während der Dauer der
Vermessungen trotzen. Denn während dieser Zeit
sind sie der Obhut von Geodäten dritten Ranges
anvertraut, welche mit nicht geringerem Stolze als
die übrigen Trigonometer, der Kunst und Wissen=
schaft in die Hand arbeiten, auf welche wir daher
unser Augenmerk zu richten verpflichtet sind.

Wir führen hier den geehrten Lesern im Geist
einen solchen Künstler, den Professor Römer, vom
Lieutenant v. W. treu nach der Natur aufge=
nommen vor:

Es ist des Professors wahres Porträt
Wie er den Heliotropen schön dreht,
In seinen Werken ist er ein Riese
Und wissenschaftlich nimmt er seine Priese.

Er war nämlich im Jahre 1847 vom Lieutenant v. W. dazu ausersehen, vom Michelsberge aus sein Licht täglich nach der Löwenburg im Siebengebirge leuchten zu lassen. Für diese Zeit war Römer ein „Heliotropist des königl. preußischen großen Generalstabes," begnügte sich aber, als schlichter Weber, mit dem ihm im Scherz beigelegten Titel eines „Professors".

Worin seine Wissenschaft eigentlich bestand, würde er schwerlich zu verrathen im Stande gewesen sein. Wir müssen ihm daher etwas zu Hülfe kommen, damit unser Professor nicht etwa in den Verdacht geräth, als habe er im Dienste der Wissenschaft die Sonne (Helios) selber gedreht und gewendet — nach Knak. Er begnügte sich vielmehr nur, wie andere „Heliotropisten" damit, das Licht der Sonne aufzufangen, so zu wenden und zu reflectiren, daß es an einem anderen bestimmten Punkte gesehen werden konnte.

Dieß große, wissenschaftliche Kunststück hat nun freilich ein Jeder von uns schon als Schulknabe ausgeführt, indem ein Stückchen Spiegelglas dazu benutzt wurde, an der Schulwand eine kleine Sonne recht lustig tanzen zu lassen. Böswillige Buben blendeten Andere, indem sie die Lichtstrahlen direct auf die Augen derselben reflectirten. Der berühmte Geodät, Professor Gauß in Göttingen, war als Schulknabe jedenfalls Meister in dieser Blendekunst gewesen, denn nur so wissen wir es uns zu er= klären, daß er dieselbe später der Geodäsie dienstbar zu machen wußte.

In früherer Zeit kannte man kein anderes Mittel, um die meilenweit von einander entfernten Punkte der Hauptdreiecke (Dreiecke erster Ordnung) gegen einander, behufs Winkelbeobachtungen, sichtbar zu machen, als daß man sie durch Lampen mit Hohl= spiegeln (Reverbèren) beleuchtete. Durch Zusammen= stellung mehrerer solcher Hohlspiegel, deren reflectirte Strahlen auf ein und denselben Punkt gerichtet waren, wurde es möglich z. B. die Dreiecksseite Inselsberg=Brocken, trotz ihrer enormen Länge von fünfzehn geographischen Meilen, zu beobachten.

Dergleichen Beobachtungen konnten natürlich nur bei Nacht vorgenommen werden, was die Arbeit sehr beschwerlich machte und eine besondere Vorrichtung an den Fernröhren erheischte, um das Fadenkreuz derselben sichtbar zu machen.

Professor Gauß beseitigte diese Uebelstände durch Erfindung seines „Heliotropen,“ der es ermöglichte, die Beobachtungen am Tage, bei mildem Sonnen=

licht vorzunehmen. Sein anfangs etwas compli=
cirteres Instrument wurde später dahin verein=
facht, daß auf einem einfachen Brettchen vorn ein
Fadenkreuz, hinten ein kleiner Stollspiegel befestigt
wurden; der Spiegel hat in der Mitte ein erbsen=
großes Loch. Wird nun das Instrument so auf=
gestellt, daß der Beobachtungspunkt durch dieß Loch
auf dem Fadenkreuz steht und wird nun der Spiegel
so gedreht, daß die aufgefangenen Sonnenstrahlen
auf das Fadenkreuz fallen, so ist das Licht auf dem
fernen Beobachtungspunkte sichtbar, so lange der
dunkle Punkt, welchen das Loch im Spiegel erzeugt,
auf dem Fadenkreuz ruht, was ein paar Minuten
dauert, worauf der Spiegel wieder nach dem Lauf
der Sonne frisch eingestellt werden muß.

So finden wir denn den Professor Römer in
amtlicher Thätigkeit, die oft nicht wenig dadurch er=
schwert ist, daß die Sonne z. B. hinter dem Spiegel
des Heliotropen steht. Er muß die Strahlen daher
mit einem zweiten Spiegel zuvor auffangen und
auf jenen reflectiren, ehe er ihn einstellen kann.
Dazu ist große Ruhe und Kaltblütigkeit erforderlich,
sonst entspringt der dunkle Punkt dem armen
Heliotropisten wie ein Floh und er sucht ihn ver=
geblich wieder zu fangen und auf das Fadenkreuz
zu bringen — unser Professor weiß davon zu
erzählen. Jetzt aber ist er Meister in seiner Kunst;

der Floh entspringt ihm höchst selten, wird dann aber mit großem Geschick sofort wieder gefaßt und auf das Kreuz geheftet. Dann ist der große Moment da, wo er sich mit einer gewaltigen Prise zu neuen Thaten stärkt. Aber Abends räsonnirt seine Frau über den unverhältnißmäßigen Mehr= verbrauch an Schnupftabak. „Das kommt von unserer Vermessung und von der Sonne," replicirt der Professor mit Würde. Seine Frau hört es, versteht es aber nicht und verstummt resignirt.

Ganz wunderbare Heilige finden sich unter den von den Ortsbehörden recommandirten und dann für einige Zeit engagirten Sonnendrehern. — Worauf es basirt, daß sie häufig aus der ehrsamen Weber= und Schneiderzunft recrutiren, ist mir unerfindlich, obgleich wir aus der Weltgeschichte wissen, daß die Schneider oft von classischem Muth beseelt sind.

Solcher war in der That für den Heliotropisten erforderlich, der von dem zweihundert Fuß hohen Signal „Prenden" sein Licht leuchten lassen sollte. Schaudernd wandten sich alle Candidaten der Sonnen= dreherei ab, wenn sie den Schauplatz ihrer künftigen Thaten nur von fern erblickten. „Nich vor 'ne Million!" hatte der sechste Candidat, blaß vor Schrecken, ausgerufen. Da trat ein kühn darein schauender Schneider vor und sein: „Na meins= wegen!" entschied. Unten wurde er in der Sonnen=

dreherei unterrichtet, oben wurde ihm der Heliotrop eingestellt und schon Nachmittags vier Uhr, präcise nach Vorschrift, trat er sein hohes Amt an — aber wie?! —

Er hatte bald begriffen, daß die Intervallen zwischen jedesmaligem Verstellen des Spiegels so ziemlich mit dem Zeitraum übereinstimmten, den er, ohne ein Schlückchen aus der Flasche zu nehmen, zu überdauern vermochte. Hiernach machte er einen Ueberschlag der Schlückchen, welche für die Dauer der Arbeit von drei bis vier Stunden erforderlich sein würden und als sich ergab, daß ein Fläschchen nicht ausreichen würde, wenn er nach jedesmaligem Einstellen des Spiegels einen Schluck nähme, so versah er sich mit zwei dergleichen. Beim Erklettern des Signals zog er die Stiefel aus, steckte in jeden derselben ein Pullchen und hängte sie, mit einem Bindfaden verbunden, um den Hals.

Nie haben Heliotropisten sorgsamer geleuchtet als Professor Römer, der den Gebrauch der Schnupf= tabaksdose nach der Sonne regulirte und unser Schneiderlein, das dasselbe Regulirungssystem auf die Schnapsflasche anzuwenden ganz probat fand, obgleich er die Beobachtung von wissenschaftlicher Bedeutung gemacht haben wollte, daß der Lauf der Sonne unregelmäßig, d. h. zeitweise träger sei, als es der königliche Generalstabs=Dienst erheischte.

Der Raum gestattet uns nicht allen Heiligen
des Sonnenwende = oder Sonnenbruder = Ordens
einen Abschnitt zu widmen. Dafür wollen wir
aber noch eines Hauptheiligen gedenken, der jahre=
lang ein treuer Gehülfe des damaligen Haupt=
manns B. war und sich ihm alljährlich bei Beginn
der Vermessungen zur Disposition stellte.

Ob derselbe Müller oder Schulze hieß, ist gleich=
gültig. Genannt wurde er Adam, nicht weil er
der erste Mensch war, der in das Paradies der
Geodäsie trat, sondern hauptsächlich wegen seines
Costüms, in welchem er eines schönen Tages in
einem hohen Birnbaume angetroffen wurde. Das
Feigenblatt hatte er durch ein Schnupftuch ersetzt,
das noch dem Nebenzweck der Aufnahme des reifen
Obstes diente; im Uebrigen war von keiner Be=
kleidung Adams die geringste Spur zu entdecken.

Die Veranlassung zu solcher Costümirung war
eine tragikomische. Adam war ein sehr sparsamer
Familienvater, welcher die alten Uniformstücke,
welche er beim Ausscheiden aus dem Militär er=
halten hatte, bei der Arbeit auftrug. Aber nicht
allein aus Sparsamkeit that er dieß, sondern auch
aus Zweckmäßigkeitsgründen, auf die wir nachher
noch zurückkommen werden.

Eines schönen Tages erhielt Adam nun den
Auftrag, eine Signaltafel auf einem hohen, weithin

sichtbaren Baum anzubringen. Mit großer Ge=
wandtheit, aber mit geringer Vorsicht steigt er in
die Höhe, betritt einen morschen Ast und stürzt
sammt Tafel auf dem kürzesten Wege nach unten.
Jedenfalls hätte diese Luftreise mindestens einen
Arm= oder Beinbruch zur Folge gehabt, wenn nicht
der hervorragende Stumpf eines früher gebrochenen
Astes ein Erbarmen gehabt und den armen Adam
an der Jacke festgehalten hätte, so daß er nur
zwischen Himmel und Erde baumelte, bis ihn mit=
leidige Bauern aushakten und retteten Nur seine
Militärjacke war unrettbar verloren und er mußte
wieder einen Civilrock tragen, was er verschworen
hatte, nach dem Conflict mit einem Gendarmen.
Ebenso verschwor er es aber nun, jemals wieder
einen Baum bekleidet zu erklettern. So hielt er
denn auch seine Gelübde, als ihn ein Bauer ersucht
hatte, die reifen Früchte des Birnbaumes in seinen
Mußestunden zu pflücken.

Weniger tragisch war die Geschichte mit dem
Gendarm, welche Adam so oft erzählte, wie er
nur Gelegenheit dazu fand. Er glänzte darin als
ein Mann von Geist und Witz, was sein Stolz war.

Mit einem Tuche umhüllt transportirte er eines
Tages dieselbe Signaltafel, mit welcher er bereits
die beschriebene Luftfahrt ausgeführt hatte. Sein
Anzug verrieth ebenso wenig wie sein Handgepäck, den

Vergnügungs=Reisenden. Was Wunder also, daß ein wachsamer Gendarm den durchaus fremden Mann, am späten Abend auf abgelegener Straße mit verdächtiger Traglast wandernd, aufs Korn nahm.

„Wer sind Sie? wo kommen Sie her? und wo wollen Sie hin?" Auf diese im strengen Vorposten=ton herausgestoßenen Fragen antwortete Adam:

„Ja sehen Sie, Herr Gendarm, wenn ich Ihnen das Alles beantworte, was Sie da fragen, werden Sie doch nicht draus klug werden. Sehen Sie, ich bin der Heliotropist Adam; ich komme aus Berlin un will uf'n Boom, der uf en Berg steht, in der Jegend da — na Sie wissen wohl!"

„Mensch, ich glaube gar, Sie wollen mich foppen! Haben Sie eine Legitimation?"

„Na gewiß! Hier, schwarz auf weiß!" antwortet Adam auf sein Packet zeigend. „Sie werden sie aber am Ende ooch nich verstehen."

„Sie sind arretirt!" herrschte der Gendarm dem Adam zu, der ihm mit jeder Redensart nur noch verdächtiger vorkam. Adam ging heimlich lächelnd mit bis zum nächsten Dorfschulzen, resp. Ortsrichter, dem der Gendarm Vortrag hielt. Adam hörte schweigend zu. Nach seiner Legitimation abermals gefragt, enthüllt er die weiße Tafel mit dem schwarzen Mittelstrich darauf und entgegnete mit Würde: „Hier meine Herren, sehen Sie „s ch w a r z a u f w e i ß"

daß ich im Dienste des Hauptmanns B. vom großen
Generalstabe stehe, der hier in der Gegend Ver=
messungen vornimmt!"

Bei dem Worte Hauptmann und großer General=
stab schlug der Gendarm erschrocken die Hacken zu=
sammen. Der Ortsrichter erinnerte sich aber sofort
der Publication im Amtsblatt, welche die Orts=
behörden verpflichtete, der angekündigten Vermessung
allen nur möglichen Vorschub zu leisten. Er schob
deßhalb unsern pfiffig schmunzelnden Adam mit
einem „Gehen Sie in Gottes Namen" zur Thür
hinaus, wozu der Gendarm verständnißvoll nickte.

Später spielte Adam selbst einmal den Gen=
darm in seiner Weise.

Der Hauptmann B. hatte in einer Dorfschenke
Quartier genommen. Neben seinem Zimmer befand
sich die Gaststube, die sich eines Sonntags gegen
Abend mit Bauern füllte. — B. rechnete eifrig,
denn er rechnet immer, aber der Lärmen, den die
Bauern machten, störte ihn ungemein, wurde zuletzt
unerträglich, als sie sich beim Kartenspiel zu zanken
anfingen. „Adam," sagte der Hauptmann zu dem
Gerufenen, „schaffen Sie mir da drinnen ein bischen
Ruhe."

„Das werde ich schon besorgen," antwortete
Adam determinirt, betrat die Gaststube, betheiligte
sich am Kartenspiele und dem Streite, überschrie alle

Anderen, denen er den Vorwurf machte, daß sie nicht Frieden halten könnten und den Herrn Hauptmann da drinnen störten, warf dann sämmtliche Spieler zur Thür hinaus. Die Anderen aber nahmen die Pudelmützen ab, guckten hochachtungsvoll nach der Thür des Herrn Hauptmanns und erzählten sich leise von den Geheimnissen der trigonometrischen Vermessungen, von denen sie bereits hier und da Spuren entdeckt hatten. Adam aber krämpte die Aermelaufschläge wieder herunter, trat in das Zimmer des Hauptmanns und meldete: „Des is besorgt, Herr Hauptmann, rausgeschmissen!"

Hiermit wollen wir diesen Abschnitt schließen und auf eine Episode übergehen, die sich nach dem mehrjährigen Zusammenleben und Wirken zweier Trigonometer, zwanzig Jahre später, fern vom Schauplatze früherer Thaten abspielte. Sie enthält Rückblicke auf das Leben und Treiben bei den größeren geodätischen Operationen, den sogenannten Gradmessungen, hier speciell bei einer Basis= und den darauf folgenden Winkel= und andern Messungen zu denen Mutter „Gäa" nicht gerade directe Veranlassung gab.

Manches Andere ist dabei auch „zwischen den Zeilen" zu lesen.

VI.

Nach zwanzig Jahren.

Erinnerungen aus dem Leben eines Trigonometers.

(Nach dem Tagebuch desselben.)

> „Ich weiß nicht was soll es bedeuten,
> Daß ich so traurig bin.
> Ein Märchen aus alten Zeiten,
> Das will mir nicht aus dem Sinn.“
> (Siehe Titelkupfer.)

„Nein, Herr General, das geht denn doch wirk=
lich bis über die Bäume! — Diese Frankfurter! —
Diese Verhöhnung! — Diese — diese — wie gesagt,
Herr General, wenn hier nicht ein Exempel statuirt
und dieser Uebermuth ganz exemplarisch gezüchtigt
wird, so muß ich wenigstens auf meine Stellung
verzichten und ganz gehorsamst bitten, mich wieder
zu meinem „Arrement“ zurückzucommandiren.“

Mit diesen Worten stürzte der Premier=Lieu=
tenant und Brigade=Adjutant v. C. in den Salon
des „Römischen Kaisers“ allwo der General v. W.

am 16. Juli 1866 Abends Quartier genommen, zugleich vom commandirenden General V. v. F. zum Commandanten von Frankfurt ernannt worden war.

Der General v. W., eine urgemüthliche Seele, welche nicht so leicht ihre Ruhe verliert, saß ganz behäbig und comfortabel in einem mit rothem Sammet überzogenen Armsessel mit kunstvollen Schnitzereien. Er füllte denselben aus, als ob er nach Maß für ihn eigens angefertigt worden wäre. Die eben angezündete feine Havanna-Cigarre, welche die Väter der Stadt in reichem Wohlwollen ihren überaus angenehmen Gästen aus angeborener Höflichkeit zu Füßen gelegt hatten,* umwirbelte das ziemlich runde, aber dabei militärisch-männlich schöne Haupt des Generals mit Weihrauchwolken — so friedlich, als ob das Jahr 1866 gar nicht existire. Aus der vor dem Generale stehenden Tasse Kaffee stieg ein kostbarer Moccaduft empor, um mit den blauen Havanna-Wölkchen in einen rühmlichen Wettstreit zu treten. Süße Traumbilder von erfochtenen Siegen tanzten dazwischen auf und nieder und verjagten die sich mitunter dazwischen drängenden Schlachtenbilder grausiger Kämpfe der jüngsten Tage. Kurzum es gehörte unter den obwaltenden Verhältnissen schon etwas stärkerer Tabak dazu, dieß lebende Bild des Friedens

* Vgl. G. Obercommando-Befehl vom 17. Juli.

und Wohlbehagens, welches unser General in völlig
ungesuchter und dabei doch so künstlerischer Weise dar=
stellte, so ohne Weiteres über den Haufen zu blasen.

Vor demselben stand nun der vom Zorn erglühte
Racheengel in Gestalt des Brigade=Adjutanten und
verlangte die ehrwürdige Kaiserstadt an allen vier
Ecken angezündet, ein paar Senatoren geviertheilt,
diverse freie Reichsstädter gehängt, oder wie er sich
sonst noch seine „exemplarische Züchtigung" im er=
regten Gemüthe ausgemalt haben mochte. Seine
rechte Hand preßte dabei krampfhaft ein großes
weißes Briefcouvert von der Form der Dienstbriefe.

Der General zog augenblicklich die ohnedieß tief
beschattenden Augenbrauen dicht zusammen, als stände
das Viertheilen, Brennen, Plündern und Hängen,
welches der zornige Brigade=Adjutant begehrte, ihm
schon als Brigadebefehl auf der Zunge, um von
dort mit kühnem Sprunge in eine schöne Wirklichkeit
überzugehen, so dem gestrengen Herrn Adjutanten
die erwartete Genugthuung für erlittene Comman=
danturschmach zu geben.

Aber wie weit sind oft Schein und Wirklichkeit
von einander entfernt! Scheinbar drohte den sünd=
haften Frankfurtern bereits ein schweres Strafgericht.
In Wirklichkeit aber war der General zwar einer=
seits betroffen, daß etwas kaum Denkbares unzweifel=
haft passirt sein mußte, andererseits aber war es

nur der Unmuth über die Unterbrechung des Ge=
nuſſes, dem ſich der General hingab. So eben hatte
ſich derſelbe noch erhöht durch die harmoniſch ver=
ſchmelzenden Töne der Regimentsmuſik, welche dem
General zu Ehren vor dem Hotel ſpielte. Nicht
mehr ertönten die ·ſtolzen Preußen=, Sieges= und
Einzugsmärſche, ſondern lieblich erklang Verdi's:
„Ach, wie ſo trügeriſch."

„Ach, wie ſo trügeriſch!" dachten auch ein paar
Zuhörer hinter den Drath= und Eiſengittern der
Hauptwache, welche die Muſik und die gaffende
Menge an die Gitter gelockt hatte.

Es waren zwei weiſe Väter der Stadt, der
öſterreichiſch geſinnte Senator B. und der nicht
preußiſch geſinnte S. Die Sonne beſchien mild die
Perrücke des einen wie das kahle Plateau des andern
und ſuchte Licht in die ſorgenſchweren Köpfe zu
bringen, welche ſich vergeblich dieſelben über den
Wandel des Schickſals zerbrachen. „Heute noch auf
ſtolzen Roſſen" als Ritter des preußiſchen Adler=
ordens, „Morgen ſchon feſt eingeſchloſſen."

Auf dieſe beiden Weiſen fielen jetzt plötzlich die
Gedanken des Generales. Die buſchigen Brauen
des Generales zogen ſich zu einer erſchrecklichen
Finſterniß zuſammen und der Adjutant hielt ſie für
den ſicheren Vorboten des von ihm heraufbeſchwo=
renen Gewitters, das gleich commandanturmäßig

einschlagen sollte, denn der General sprang dabei
auf mit den Worten: „Sie sind doch nicht entwischt?"

„Wer denn, Herr General?"

„Nun die Beiden in der Hauptwache!"

Das war ein „kalter Schlag" — für den Adjutanten
nämlich. „O nein," antwortete er, „aber hier!" und
er hielt den großen Dienstbrief in die Höhe und stand
da wie Jupiter mit dem geschwungenen Donnerkeil.

Wie eine weiße Sturmwolke am gewitter-
schwangeren Horizonte zitterte das verhängnißvolle
weiße Couvert in den Lüften und schon streckte sich
die Hand des strafenden Gottes, in Gestalt eines
königlich preußischen Brigade-Generals und p. t.
Commandanten der Kaiserstadt Frankfurt, die bisher so frei war gar zu frei zu sein; — schon streckte
sie sich aus nach dem corpus delicti, nach der An-
klageakte — aber ohne Hast, ohne Energie; denn
der General setzte sich sogar dabei wieder ruhig
nieder. „Na lassen Sie doch einmal sehen, lieber
C., was haben denn die Unmenschen geschrieben,
das Sie so in den Harnisch zu bringen vermochte."

„Geschrieben, Herr General? geschrieben? Ja
das ist es ja eben! Geschrieben haben sie beinahe
nichts. Aber gemalt haben sie Dinge, die nur
die niederträchtigste Verhöhnung der Militärgewalt
unseres allergnädigsten Königs und Herrn, die nur
die Verhöhnung Ihrer eigenen Person, Herr

General, bezwecken können, da gerade Sie täuschend ähnlich porträtirt sind!"

Nun wurde der General aber doch etwas neu-
gieriger; seine Ruhe verließ ihn auf einen Augenblick und er sprang abermals auf aus dem weichen
Sessel mit einem Ungestüm, daß die Tasse klirrte
und der Inhalt sich zu Spritzwellen wie das Ge-
wässer beim Seesturm erhob.

Patsch — hörte man die weggeschleuderte Cigarre,
die kostbare Havanna des Generals auf den blank
gewichsten Parquetboden fallen. Freilich blieb sie
da nicht lange liegen, denn der Diener des Generals
schwebte, neugierig wie alle Diener, durchs Zimmer,
hob, ordnungsliebend wie nicht alle Diener, die
so wegwerfend behandelte Cigarre auf, wischte sie
am linken Rockärmel behutsam ab und rauchte sie
vor der Salonthür draußen weiter, wobei er sie
nicht einmal von neuem anzuzünden brauchte.

So drohte eben alles von den Preußen auf den
Kopf gestellt zu werden, denn bis dato war es nur
bekannt, daß der Tschibuktschi dem türkischen Pascha
die Pfeife anraucht. Hier wurde es erlebt, daß der
königl. preußische Brigade=General und p. t. Commandant der nicht mehr so ganz freien Stadt Frankfurt, seinem Diener die Cigarre angeraucht hatte,
eine Cigarre, die so recht eigentlich die Friedenspfeife ersetzen sollte, welche in anderen Landen mit

anderen Sitten als den von den preußischen Truppen in Frankfurt importirten, den werthen und verehrten Gästen dargeboten zu werden pflegt.

Verlassen wir aber den, die Friedenspfeife mit Andacht weiter rauchenden Diener, um zu seinem Herrn, dem General v. W. zurückzukehren, da besagtem Diener gar keine Rolle in unserer Erzählung zugetheilt worden ist. Aus dem Dunkel seines Daseins wäre er gar nicht an das Sonnenlicht der ohne eigentlichen Grund berühmten „Frankfurter Zeil" gezogen worden, hätte uns nicht einerseits die weggepatschte Cigarre dazu Veranlassung gegeben, wie andererseits sein Porträt, wie er vor zwanzig Jahren trigonometrische Flaschenbeobachtungen anstellte, dem wir noch begegnen werden.

Also der Herr General hatte mit einem kurzen Griff das verhängnißvolle Couvert erfaßt, zog aus demselben ein großes Blatt hervor, entfaltete es mit einem dem Lieutenant v. C. viel versprechenden Ruck und — —

Ja dieß „Und"! Man frage nur den Herrn Brigade=Adjutanten nach der Bedeutung desselben!

Wohl bricht die Sonne zuweilen mit hellem Strahl durch die schwärzesten Wolken; wohl war es dem Adjutanten nicht neu, daß auch der General mitunter plötzlich einen hellen Strahl seines freundlichen Auges hinter den finsteren Brauen hervor=

schießen ließ; aber was sich jetzt den weit aufge=
riſſenen Augen, ſowie den aller baumwollenen Ein=
lagen völlig baaren Ohren des Adjutanten kundgab,
überstieg doch die Grenzen alles Denkbaren.

Eine feierliche kurze Pause trat ein, während
welcher in den beiden Gesichtern, des Generals und
ſeines Adjutanten, ſich ein merkwürdiges Mienenspiel
entwickelte. Der General ließ ſucceſſive ein paar
Reihen Zähne ſichtbar werden, die in einer, dem
königl. preußischen Dienst durchaus entsprechenden
Verfaſſung waren; zwar konnte der Adjutant nicht
die dazu erforderlichen Haare auf denselben wahr=
nehmen, aber er war vom Vorhandensein derselben
überzeugt.

Was war nun aber das? Das geöffnete Fleisch=
portal des Generals speite keinen donnernden Ver=
nichtungsbefehl zum Zermalmen diverser Frankfurter
aus, vielmehr entsprang demselben nur ein endloses,
von einer gewaltigen Muskel= und Lungenstärke des
Generals Zeugniß ablegendes „Hahahaha! haha=
haha!“ und wieder „hahahaha!“ u. ſ. f. mit den
dazwischen verwebten Worten: „Der Spaß ist köst=
lich!“ und er ſetzte ſich.

Nun frage ich bloß: was ſollte ein vernünftiger
Menſch — und Lieutenant v. C., obgleich Brigade=
Adjutant, war doch gewiſſermaßen auch als ein
ſolcher zu betrachten — was ſollte er von dem

Verhalten seines Herrn und Meisters denken?" —
Für den Augenblick war er „starr", wie sich jeder
gebildete Frankfurter ausdrücken würde. Lieutenant
v. C. war aber nur p. t. Frankfurter, im Uebrigen
ein rechtschaffener Preuße, was man so einen „Stock-
preußen" nennt, nämlich ein Pommer, dicht von
der mecklenburgischen Grenze. Was aber ein Stock-
preuße empfindet, wenn er sich ungestraft verhöhnen
lassen soll, das werden die Geschichtsbücher aus dem
Jahre 1866 wohl genügend mit Beispielen belegen.

Im concreten Fall blieb dem bisher starken
Adjutanten vorläufig nur übrig in der Tiefe seines
Herzens zu „knirschen:" „Ich trete ganz gewiß ins
Rrrement zurück!" Einen richtigen Adjutanten ver-
läßt die Ruhe niemals, selbst in so kritischen Momenten wie im dargelegten nicht; v. C. sammelte
sich also mit solcher Energie, daß die Absätze zu-
sammenklappten, die Sporen klirrten und das heiße
Blut gehorsamst aus dem Kopf in die engen Herzens-
kammern retirirte. Das eben noch hochgeröthete
Antlitz desselben, von dem der blonde Bart so angenehm abstach, wurde dadurch momentan kreide-
weiß, aber es schwieg.

„Bester Herr v. C. — hahaha! es thut mir
leid Ihnen sagen zu müssen, daß Sie für dießmal
auf das exemplarische Strafgericht verzichten müssen!
— wirklich! — hahahaha!"

„Der Herr General scheinen es zu übersehen, daß auch Sie auf dem Blatte abconterfeit sind!"

„Weiß ja, weiß ja, Alterchen, hahaha!"

„Und zwar in wenig schmeichelhafter Weise, Herr General!"

„Wirklich? — das thut mir leid! hahaha!"

„In einer Situation mit der Flasche in der Hand, als ob — — —"

„Als ob? — Na, sprechen Sie sich frei aus! — als ob?" —

„Es würde mir angenehmer sein, Herr General, wenn Sie die Gewogenheit haben möchten, sich vom geistreichen Autor selber die Erklärung geben zu lassen."

„Ja kennen Sie ihn denn, den geistreichen Autor?"

„Ich würde ihn zu finden wissen, wenn ich Befehl dazu erhielte." —

„Na, lieber C., vielleicht kann ich Ihnen dabei behülflich sein," erwiederte der General, ließ sich dabei gemüthlich in den weichen Sessel tiefer sinken, suchte nach der angerauchten Friedenspfeife, die aber, wie wir bereits wissen, anderweitige Verwendung gefunden hatte und reichte nun dem Adjutanten das Blatt wieder hin mit den Worten:

„Einstweilen thun Sie mir den Gefallen und sagen Sie mir was Sie von dem Bilde denken.

Sie glauben gar nicht, wie großes Vergnügen Sie mir dadurch bereiten."

Etwas widerwillig nahm v. C. das Blatt (s. Titelb.) legte dasselbe vor den General, der sich eben eine neue Cigarre anrauchte, auf den Tisch nieder und hub mit erregt zitternder Stimme an: „Wie Sie befehlen!" — sich räuspernd — „Hm!"

„Was kann eine Gruppe von Officieren in schäbigem Civilanzuge, und in einem großen Möbel= wagen dinirend, anderes bedeuten, als daß uns die Frankfurter zurufen wollen: „Wartet es nur ab! Füttern wollen wir euch schon ein Weilchen, aber euer Casino soll höchstens ein Möbelwagen auf offener Landstraße sein, denn in unsern Häusern habt ihr nichts zu schaffen, die bleiben euch verschlossen, soweit es auf uns ankömmt."

„Prächtig, liebster Adjutant! Aber wer sagt Ihnen denn, daß die Gruppe nur aus Officieren besteht?"

„Herr General, das ist eine Voraussetzung, . die sich durch die militärischen Physiognomien Aller, wie durch den Anzug des Mannes im Vorder= grunde, dem Sie eben ein Glas Wein einschenken, begründet; derselbe hat eine Generalstabsmütze auf und Generalstabsstreifen an den Beinkleidern, Sporen an den Stiefeln. Sie wissen, daß wir das mit „Trompeter=Civil" zu bezeichnen pflegen."

„Hahaha! ganz richtig! Na und was meinen
Sie denn weiter zu dem Manne mit dem franzö=
sischen Käppi zu dem Civilanzug, der eben mit
vollem Zuge sein Glas leert?"

„Ich denke mir, man hat damit andeuten
wollen, daß sich Preußen um die Freundschaft
Frankreichs bewerben wird, um nicht aus dem
errungenen Besitz von denselben wieder verdrängt
zu werden, was ja bekanntlich die Hoffnung aller,
mindestens recht vieler Frankfurter ist."

„Hahaha, lieber C.! Sie müssen wegen ihres
politischen Scharfblicks in die diplomatische Carrière
— so ungern ich Sie entbehre."

„Herr General! Ich trete ins Rrr —" das zu=
gehörige — „ment zurück," verschluckte aber Lieute=
nant v. C. rechtzeitig, da ihm seine drei Pferde im
Stall ebenso schnell wie der Nebengedanke in den
Sinn kamen, daß er beim Rücktritt ins „Rrrment"
genöthigt sein würde hinfüro wieder per pedes
Apostolorum seine stolzen Wege fürbaß zu wandeln,
was eine sehr entmuthigende Perspective für jeden
Infanterie=Officier ist, dem sich die Dioscuren, in
Gestalt zweier goldener Hauptmannssterne noch
nicht in die Epaulettes versenkt haben. Bei unserem
Lieutenant v. C. war, wie es uns mit seiner
Charge zugleich bekannt wurde, dieß glückliche Er=
eigniß noch nicht eingetreten; vielmehr glänzte

zwischen dem Castor auf der rechten Schulter und
dem Pollux auf der linken ein anderer Stern „erster
Größe," d. h. der eigene Kopf, welcher, obgleich
hellleuchtend genug, dennoch von den Astronomen
bisher unbeachtet gelassen, daher auch mit keinem
mythologischen Götternamen beehrt worden war.

„Was wollten Sie sagen?" fragte der General,
mit Bezug auf den verschluckten Nachsatz der Rede
des Lieutenant v. C.

„Eigentlich wohl nichts, Herr General, denn
ich weiß überhaupt zu der ganzen Geschichte nichts
mehr zu sagen."

„O, doch, doch! lieber C. — Jedenfalls sind
Sie mir noch Aufklärung darüber schuldig, was
Sie von meiner Person hier auf dem Bilde denken.
— Sehen Sie doch! So sorglos hingegossen —
mit der Weinflasche in der Hand — auf dem Podium
eines Möbelwagens liegend. Das weckt Gedanken!"

„Aber welche!? — Schauderhaft in der That,
Herr General!"

„Was ist schauderhaft? Was finden Sie schauder=
haft? mich oder die Situation?"

„Eigentlich Beides, Herr General!"

„Finden Sie mich denn getroffen oder carikirt?"

„Nun, Herr General, geschmeichelt ist Ihnen
wohl gerade nicht, so wenig im Porträt, wie in
der Situation. Die ganze Darstellung hat etwas

Jugendliches; im Ganzen genommen sind Sie aber nicht zu verkennen."

„In der Situation?"

„Bitte um Verzeihung! Costüme und Situation muß ich entschieden außer Betracht lassen, die entziehen sich in Bezug auf Naturtreue meiner Kritik. Ich meinte daher eigentlich nur: das Porträt sei etwas zu jugendlich."

„Na, ich sehe schon, Sie sind jetzt etwas ruhiger geworden, so daß sich weiter über diesen Gegenstand sprechen läßt. Nun sehen Sie doch einmal her, was da geschrieben steht!"

Der General zeigte mit dem Finger auf die von Lieutenant v. C. in seinem Eifer gänzlich übersehene Ueberschrift des Bildes; v. C. las erstaunt:

„Vor zwanzig Jahren."

Es trat eine lange Pause ein, die der General mit den Worten unterbrach:

„Nun? Jetzt sagen Sie ja mit einemmale kein Wort mehr?"

„Ja, Herr General, nun geht mir zwar ein Licht darüber auf, so ganz von fern, daß das Bild seine eigene und wohl ganz eigenthümliche Bedeutung haben muß, aber das Räthselhafte desselben ist mir dadurch nicht erklärlicher geworden."

„Na, wissen Sie was, liebster C.? — Wenn

Sie mich nicht hängen, spießen oder viertheilen lassen wollen, so will ich Ihnen nur gestehen, daß ich selber das Bild mit meinen Kameraden entworfen und autographirt habe und zwar „vor zwanzig Jahren."

„Aber wie, Herr General? Wie kommt das Bild jetzt hier nach Frankfurt?"

„Ich glaube auf dem kürzesten Wege: so etwa über Jütland, Brasilien, Rio=Janeiro, Berlin, London, Konstantinopel und dergleichen andere Nachbardörfer, über welche es ein Kamerad dahin trug."

„Herr General belieben zu scherzen!"

„Durchaus nicht. — Was ich sage, ist Wahrheit und Wirklichkeit. Hätten Sie mit Ruhe nach dem Dienstsiegel gesehen und darauf die Worte „Direction der Frankfurt=Hanauer Eisenbahn" gelesen, so würde Ihnen dabei eingefallen sein, daß ich gestern bei der Inspicirung des Hanauer Bahnhofes einen früheren trigonometrischen Kamerad entdeckt, begrüßt und Ihnen als Major a. D. und Oberbeamter der Bahn vorgestellt hatte. Er ist derselbe, welcher hier im Vordergrunde des Bildes im Trompeter=Civil, dem damaligen Hauptmann v. Hesse ein Glas Wein herüber reicht. Im Hintergrunde auf der Kiste sitzt unser Chef der trigonometrischen Abtheilung. Neben ihm, mit dêm Kärpi, der Hauptmann H. der königl. belgischen Generalstabes. Mich haben Sie selber schon erkannt, nicht aber den biederen Franz, welcher, in gedeckter Stellung trigonometrische Beobachtungen anstellend, damals Musketier im ersten Infanterie=Regiment, heut wie vor zwanzig Jahren mein Leibsklave ist. Wenn ich Ihnen nun noch sage, daß der Braten tragende Jüngling der Sklave Friedrich des Haupt= mann v. Hesse ist, so haben Sie die ganze Natur= geschichte der Gesellschaft, welche sich im Jahre 1847, behufs einer geodätischen Grad= und Basismessung, nach Bonn begeben hatte. Dieselbe hatte bei der Arbeit auf der Chaussee von Bonn nach Köln den Möbelwagen, welcher zum Transport der In= strumente und Meßgeräthe dient, zum Officier= Speisesalon erhoben. — Soviel für jetzt! — Heut Abend beim gemeinschaftlichen Souper will ich Ihnen die Details vortragen zur Belohnung für das Vergnügen, welches mir Ihr Feuereifer bereitet hat. — Ich danke Ihnen!"

Nach dieser bekannten Entlassungsformel schwenkte der Premierlieutenant v. C. links ab, um seinem beschwerlichen Tagesdienste obzuliegen; der General aber nahm nochmals das Blatt in die Hand und summte vor sich hin:

> „Das war eine herrliche Zeit,
> Wie anders als damals ist's heut!"

Der große Speisesaal im „Römischen Kaiser“ bot, wie die andern Hotels ersten Rangs, an jenem Abend ein trauriges Bild der Vereinsamung dar.

Wo waren die steifen Engländer mit ihren langlockigen und vielspeakenden Ladys? — Wo waren die geschwätzigen Franzosen, die theebrauenden Russen mit all den anderen dazwischen gestreuten Vertretern aller Nationen? — Die Kriegsfurie mit flammendem Schwerte hatte sie sammt und sonders vertrieben.

Da standen die langen Tafeln mit dem blendend weißen Tischzeug — ohne Couverts; — da standen die Kellner in schwarzen Fracks mit weißen Halsbinden und mit weißen Servietten unter dem Arm, um sie zeitweilig vor den weit gesperrten Mund zu halten oder sich die Fliegen abzuwehren, die ihnen mitleidsvoll Kurzweil verschaffen wollten, undankbarer Weise aber nicht bloß abgewiesen, sondern abgestraft, zu Krüppeln geschlagen oder ohne standrechtliche Erkenntniß vom Leben zum Tode gebracht wurden. Sicher sind auch diese Greuelthaten den unschuldigen Preußen aufs Conto gesetzt, da in einer Handelsstadt nothwendigerweise Alles gebucht werden muß.

„Trauer herrscht in Romas Hallen“ parodirten die gelangweilten Kellner am bezeichneten Abend des 18. Juli und gaben ihren Gefühlen dadurch

noch besonderen Ausdruck, daß sie die beiden vor=
dersten Kronleuchter gar nicht anzündeten.

Desto herrlicher ließ aber der dritte Lustre
seine hellen Lichtstrahlen auf die im Hintergrunde
des Saales stehende gastliche Tafel fallen, an der
sich der Brigade=General mit seinem Stabe und
einigen befreundeten Officieren niedergelassen hatten,
um sich nach den Mühen des Tages zu erquicken.

Die der Stadt Frankfurt angeborene Gast=
freundschaft, welche sich erst unlängst am Fürsten=
tage des Jahres 1863 so ruhmvoll bewährt hatte,
sorgte dafür, daß es den überaus angenehmen
Gästen des Jahres 1866 an nichts fehle. Da
zeigten sich nicht allein die schönsten Speisen und
Getränke um Hunger und Durst zu stillen, nein,
da waren sogar die kleinen Hülfsmittel nicht ver=
gessen, welche die etwa ermattenden Vertilgungs=
werkzeuge des menschlichen Körpers zu erneuter
Thätigkeit animiren, wie andere, die nur erdacht
worden sind, die gute Laune der lieben Gäste zu
heben und bis zur Herbeischaffung des Kaffees auf
dieser Höhe zu erhalten. Da fehlten zu guter letzt
nicht einmal die feinen Havanna=Cigarren (acht
pro Mann laut General=Oberbefehl) an die sich die
lieben Gäste mit bewundernswürdiger Schnelligkeit
wie an das tägliche Brod gewöhnt hatten. Und
wenn auch die Preußen im Allgemeinen seit des

„alten Deſſauers" Zeiten „keine ſolche Lumpen" zu
ſein pflegen, welche den lieben Gott mit einer jeden
Kleinigkeit behelligen, ſo verflocht ſich doch unwill=
kürlich mit ihrer vierten Bitte: „Unſer täglich Brod
gieb uns heute!" der kleine beſcheidene Zuſatz: „und
die acht ordonnanzmäßigen Cigarren von der beſten
Sorte."

Na! vorderhand war dieß fromme Gebet wirklich
erhört und es befanden ſich ſieben Cigarren, ohne
„zu kohlen," im beſten Brande.

Dieſer Moment war von den Officieren, die
ſchon Einiges vom Morgenvorgange durch v. C.
erfahren hatten, mit Sehnſucht erwartet und wenn
ſonſt nach den Karten gegriffen wurde, um eine
Partie Sechsundſechzig zu entriren (worin man
große Routine in neueſter Zeit erworben), ſo erſchallte
heut nur aus Aller Mund ein: „Herr General!
Aber jetzt die Geſchichte vom Möbelwagen, vom
Diner auf der Landſtraße!"

„Kinder, was ſeid ihr neugierig!" rief der
General gravitätiſch, aber doch ſo freundlich wie
immer oder mehr noch, da er ſelber das Verlangen
trug, das „Märchen aus alten Zeiten" aufzuwärmen.

„Neugierig? — nur wißbegierig, Herr General,"
ließ ſich ein junger, für heut Abend gaſtirender
Lieutenant vernehmen.

„Ja, Ihre Wißbegierde iſt uns Allen bekannt,"

sagte der General, zog dabei die Autographie aus
der Brusttasche, legte sie auseinander und deutete
auf den hinter dem Wagen mit der Flasche lieb=
äugelnden Musketier: „Sehen Sie hier! Mein Franz
war vor zwanzig Jahren auch voller Wißbegierde,
indem er durch logische Schlußfolgerungen festzu=
stellen suchte, ob der Weinrest zu klein sei, um noch
einmal davon einzuschenken oder zu groß um ihn
mit einem Zuge auszutrinken.“

„Wohl bekomm's, Herr Fähnrich!“ höhnte ein
älterer Officier, der neben dem Lieutenant saß und
ihm dabei auf die Schulter klopfte.

„Ja, meine Herren,“ fing nun der General
an, „meine Geschichte ist eigentlich so lang, so viel=
seitig und bedeutend, daß ich kaum recht weiß, wie
ich sie kurzweilig zurecht legen soll, damit Sie mir
dabei nicht einnicken. — Ich muß dieselbe wissen=
schaftlich einleiten, da ich so wißbegierige Zuhörer
habe, wie den jungen Herrn da, der dabei etwas
lernen will und kann. Den älteren Herren wird
bekannt sein, daß der Chef der trigonometrischen
Abtheilung des Generalstabes, zu der ich in den
Vierziger Jahren kommandirt war, daß derselbe in
den Dreißiger Jahren mit dem berühmten Astro=
nomen Bessel bei Königsberg eine Basis gemessen
und eine Gradmessung ausgeführt hatte. An diese
Messung wurde ein Dreicknetz angeknüpft, das die

Ostsee entlang nach Dänemark und Schweden, dann
herunter nach Berlin geführt worden, wo 1846 zur
Prüfung der Messung und Rechnung eine neue
Grundlinie gemessen und auf die Dreieckskette, die
bis Königsberg reichte und an die russischen Be=
rechnungen anknüpft, übertragen wurde. — Da
Alles gar herrlich stimmte, so kam dem Chef die
Lust an, nun auch in gleicher Weise die ursprünglich
französische Dreieckskette, welche unter Papa Müff=
ling vom Rhein bis Oesterreich fortgeführt und dort
an die österreichischen Messungen angeknüpft war,
durch eine Basismessung bei Bonn zu controliren.

Die Genehmigung des Chefs des Generalstabes
der Armee zu dieser höchst interessanten Arbeit von
großer wissenschaftlicher Wichtigkeit war bereits
ertheilt, und es tauchte eines Tages im hohen Rathe
des trigonometrischen Bureaus die Frage auf: „Wie
schaffen wir nur am besten die Instrumente nach
dem Rhein?"

Da trat der hier auf dem Bilde im General=
stabstrompeter=Civil costümirte Praktikus vor mit
den Worten: „Herr Oberst, ich erlaube mir Ihre
Aufmerksamkeit auf die neuste Erfindung im Trans=
portwesen, auf die ungeheuerlichen Berliner Möbel=
wagen zu lenken, die innen gepolstert, auf Federn
ruhen und in jeder Beziehung unsern Bedürfnissen
entsprechen!"

„Mann des Lichtes und Fortschrittes!" erwiederte der Oberst, „Dein Wille geschehe! und mir fällt die eine große Sorge vom Herzen wie wir u. A. die vier großen Etalons von zwölf Fuß Länge, die uns die Dänen und Schweden in ihren trigonometrischen Schlachten von Kopenhagen und Upsala schon stark verwundet haben, wie wir diese vier Meßstangen, resp. Apparate, gesund nach dem Rheine bringen sollen."

„So geschah es, daß der hier abgebildete Möbelwagen mit Etalons, Theodoliten, Signaltafeln, Fahnen, Böcken, Gewichten und anderen Utensilien Anfangs Mai des Jahres 1847 nach Bonn abgeschickt wurde, wohin wir etwa vierzehn Tage später in pleno nachfolgten."

„O du wunderschöner Monat Mai des Jahres 1847, an dem wir uns „eines Morgens früh um Achte, als Niemand Böses dachte" bereits im Coupé des Anhaltschen Bahnzuges befanden, der uns über Magdeburg nach Köln und dem deutschen Rhein mit den französischen Dreieckspunkten tragen sollte!"

„Unser Chef wollte einige Tage später fahren, dafür aber hatte unser Personal einen Zuwachs in der Person des berühmten Rechenkünstlers Dahse erhalten, der uns bei der Lösung von hunderteinundvierzig Gleichungen mit sechsundachtzig „Unbekannten," die uns aber als Dreieckspunkte der Kette

Königsberg-Berlin nur zu bekannt waren, als Rechen-
knecht, d. h. als eine ewig aufgeschlagene Logarithmen-
tafel dienen sollte. Denn es war vorauszusehen, daß
wir den Sommer über nicht viel Zeit zum Rechnen
finden würden, obgleich wir so manchesmal früher
wie die Sonne selbst den jungen Tag verkündigten,
wobei wir, Gott sei's geklagt! manchen Tag siebzehn bis achtzehn Cigarren pro Mann rauchten. Es
waren dieß nichts weniger als Frankfurter Gast-
cigarren, die uns in diesem Augenblick so wohl
schmecken."

„Also wir saßen bereits im Coupé; es läutete
schon zum zweitenmale. Wir zählten die Häupter
unserer Lieben und siehe da, eines fehlte mit dem
dazu gehörigen Cadaver, oberen und unteren Extre-
mitäten. Letztere steckten in einem Paar rechtschaffener Kalauer, die wir bald auf dem Perron
herausfanden. Bei weiterer Recherche von unten
nach oben entdeckten wir auch den weiteren Zubehör,
bis auf den Kopf; denn Dahse schien diesen für den
Augenblick verloren zu haben. Es läutete schon
zum drittenmale und noch immer steckte der Kopf
Dahse's im Schalter; hinter welchem der erstaunte
Billeteur dem kopflosen Dahse durchaus weißmachen
wollte, daß er auf einen Thaler bei 27½ Sgr.
nur 2½ zurück erhalten könne."

„Herr Dahse, Herr Dahse!" rufen wir. „Kommen

Sie, es läutet schon zum drittenmale!" Dieser Zu=
ruf bewirkte, daß Dahse seinen Kopf wieder fand
und so „der ehrliche Finder" um die „angemessene
Belohnung" kam.

„Na was soll ich Ihnen noch weiter erzählen,"
fuhr der General fort, „daß wir eine ganz heitere
Fahrt nach dem Rheine machten, denn zur Kurz=
weil ließen wir unsern Dahse Kunststücke machen.
Freilich war er erst übler Laune, weil er sich immer
noch vom bösen Billeteur übervortheilt glaubte.
Natürlich hielten wir ihm in etwas beißender Weise
vor, daß durch diesen Zwischenfall der Ruhm seiner
Kunststücke im Rechnen nicht gerade erhöht würde,
dann aber legte er pfiffig den dicken Zeigefinger an
die auch keineswegs spillerige Nase, kniff die kleinen
Augen bis auf ein Minimum des Statthaften zu
und lispelte verschmitzt: „Ja, meine Herren, in Geld=
sachen ist das ganz was anderes!" Wir dachten
„er hat Recht" weil schon nach Hansemann die Ge=
müthlichkeit dabei aufhört. Dahse betrieb aber über=
haupt sein ganzes Kopfrechnen mit mehr Gemüth=
lichkeit als Wissenschaftlichkeit. Nun ist der arme
Kerl längst todt, jedenfalls aber rechnet er im Jen=
seits noch fort, zählt die Sterne der Milchstraße
u. dgl. Denn für ihn gibt's ohne Zahlen keine
Seligkeit. Zählen mußte er immer und fortwährend,
mochten nun die Pflastersteine der Straße, die Bäume

des Waldes oder die Ziegel der Dächer ihm die Ge=
legenheit dazu bieten."

„Bei unserem Einrücken in Bonn hatten wir bald
die Freude, unsern ungeheuerlichen, lieben Lands=
mann oder vielmehr Landskasten — ich meine den
Möbelwagen zu begrüßen. Da stand dieß, damals
in den Rheinlanden noch unbekannte Prachtstück, mit
dem geheimnißvollen Inhalte, welchen wir bald
prüften und wohlbehalten fanden. Aber in Bonn
cirkulirten schon wunderbare Gerüchte darüber, die
an ihrer Wunderbarkeit durch unser Hinzutreten
nur zunahmen. Wohl nicht der kleinste Theil der
Bonner Bevölkerung blickte erwartungsvoll auf die
Brunnen und Straßenecken, wie auf den Obelisk
am Marktplatz, denn mit jeder Minute mußten ja
die rothen, gelben oder grünen Plakate erscheinen,
welche die Kunstproduktionen der Athleten mit
den Centnergewichten u. s. w. zweifellos verkünden
würden. Die Seitenblicke mancher blühenden Rhein=
länderin fielen besonders auf mich, dessen gedrungene
Gestalt und ausgebildete Muskulatur ihnen am viel=
versprechendsten schien. Muskulöse Männer lieben
die Mädchen nun einmal — und nicht bloß am
Rhein!"

„Was lachen Sie, Fennrich?" raunte der General
den jungen Lieutenant an, der gar nicht einmal
lachte, sondern nur lächelte und zwar zu der Panto=

mime, die der Hauptmann B. hinter dem General, beim Schlußsatz desselben gemacht hatte.

„Ihr Lächeln erinnert mich daran," fuhr der General fort, ohne den verlegenen Lieutenant erst zu Worte kommen zu lassen, „daß ich den jungen Herrn eigentlich hätte in sein Quartier schicken sollen, da die nun folgende Episode leicht sein keusches Ohr beleidigen oder anderweit nachtheilige Folgen für ihn haben könnte."

„Na, na! Bleiben Sie nur sitzen und machen Sie kein so jämmerliches Gesicht. Sie können noch weiter zuhören, aber mit halbem Ohr, wenn ich bitten darf!"

„Ja, meine Herren, es ist freilich etwas indiskret, wenn ich Ihnen das Nächstfolgende mittheile, aber wissen sollen Sie es doch."

„Ich sagte schon, daß unser Chef einige Tage nach uns abreisen wollte. So harrten wir denn im „goldenen Stern" zu Bonn seiner Ankunft. Dieselbe erfolgte schon anderen Tages, aber der Herr Oberst hatte es vorgezogen, einstweilen im neuen großen Hôtel de l'Europe abzusteigen, als noch am Abend seiner Ankunft unsere Spur aufzusuchen. Er fand uns aber Tags darauf sofort und erzählte in seiner trockenen, komischen Weise, die immer hervortrat, wenn er, wie an diesem Morgen, bei guter Laune war, Folgendes:

„Was einem nicht alles in seinen alten Tagen noch passiren kann! Denken Sie sich nur! Ermüdet von der Reise begab ich mich bald in die so über= aus einladende Himmelbettstelle von Nro. 7, deren weiche Pfühle mich liebevoll umarmten und mich schnell allen Kummer dieser Welt vergessen ließen. Hätte ich träumen sollen, so durfte es nur der Traum einer selbstbewußten, himmlischen Ruhe in diesem liebeswarmen Bett sein, wenn ich mich nicht mit Gott Morpheus ernstlich überwerfen sollte. Er hatte aber ein Einsehen und verschonte mich mit seinen Gau= keleien. Sein Geschäft schien aber ein anderes himm= lisches Wesen übernommen zu haben.

Es konnte meiner Meinung nach kaum Mitter= nacht sein, da war mir, als ob Jemand an der Thür meines Zimmers zu schließen versuchte. — „Einfältiger Traum!" denke ich, ziehe meine weiße, baumwollene Nachtspille etwas tiefer über die Ohren, so daß sich der Zipfel mit dem Büschel drohend empor richtete, was Morpheus gewiß einen kleinen Schrecken eingejagt und ihn veranlaßt hätte, von seinen unzeitigen Neckereien abzustehen. Dennoch hörte ich, trotz tief herabgezogener Zipfelmütze, jetzt ganz deutlich wieder das Drehen am Schlüssel. „Alle Wetter!" denke oder murmle ich. „Sollte hier wirk= lich ein Attentäter mich um die Ehre des fünfzig= jährigen Dienstjubiläums bringen wollen?"

Mein Arm sucht unwillkürlich nach der „Mikrometerschraube". Sie kennen ja meinen Ziegenhainer,
der sich den trigonometrischen Titel durch seine große
allgemeine Brauchbarkeit für die verschiedensten Zwecke,
nach langer Dienstzeit in Ehren, unter uns erworben
hat. Ich finde ihn aber nicht, da er mit den übrigen
kostbaren Geräthen die Reise auf gemeinschaftliche,
d. h. Staatskosten, im Möbelwagen angetreten hatte
und den ich daher erst heute von Ihnen reclamiren
werde. Ich lege mich also wieder in die Kissen zurück,
um abzuwarten was sich weiter begeben wird.

„Aber rathen Sie, meine Herren, was sich weiter
ergab und ergeben konnte, weil ich harm- und sorglos niemals die Thür abzuriegeln pflege."

Ich höre die Thür sich langsam öffnen.

„Auch gut!" denke ich. Das Anklopfen ist bei
Morpheusen niemals Mode gewesen; also darf ich
mich auch nicht darüber wundern, daß dieß andere
göttliche Wesen, das für diese Nacht als Stellver-
treter des Traumgottes meinen gesunden Schlaf zu
beunruhigen für nöthig erachtet, auch bei mir, dem
königl. preußischen Oberst und Abtheilungs-Chef im
großen Generalstabe, Ritter hoher in- und aus-
ländischer Orden, selbst des Dannebrog-Ordens mit
der Devise „ooch gut",* Inhaber eines rühmlichst

* Og gud, d. h. mit Gott.

abwesenden Ziegenhainers, genannt „Mikrometerschraube," daß dieß göttliche Wesen es für gut befindet, auch bei mir unangemeldet und ohne anzu-
klopfen einzutreten. Og gud!

Ein heller Lichtschein fällt in mein Zimmer.
Halb gegen die Wand gekehrt sehe ich, mehr mit
Entsetzen, denn mit Vergnügen, erst meine Nase,
dann die Zipfelmütze, ihren Schlagschatten auf die
weiße Wand oder die, sie verdeckende, weiße Gardine
werfen.

„Heinrich, Heinrich! Warum hast du mich ver-
laffen!" apostrophire ich in Gedanken meinen abwesenden treuen Diener.

Lange Pause, in der ich nichts weiter sah, als
den unveränderten Schlagschatten meiner Nase und
Zipfelmütze, nichts weiter hörte, als das Rauschen
eines Frauenkleides, nichts weiter dachte, als „was
wird eigentlich aus der Geschichte ohne Beihülfe
meiner Mikrometerschraube werden?"

Eine jede Geschichte, selbst die einer mitternächt-
lichen Gespenstererscheinung kann langweilig werden,
wenn sie, wie die des „siebenjährigen Krieges" vierzehn Bände einnimmt oder wenn sie, wie hier vierzehn Secunden dauert, welche mir die Länge von
vierzehn Minuten zu haben schienen. Ich richtete
mich deßhalb langsam auf, wandte meinen Kopf
gegen die Stubenthür und — eine weibliche Gestalt

mit der Leuchte in der Hand wollte mir eben den Drohruf auspressen: „Macbethin machen Sie mir nicht graulich!" Aber nein! keine grauliche Mac=bethin, sondern ein göttliches Traumwesen, ange=than mit dem Kleide der Unschuld, stand süßlächelnd vor mir. Blendend weiße Musselingewänder um=hüllten in schönstem Faltenwurf eine himmlische Ge=stalt. Ob ein geschlechtsloser Engel aus den Räumen der Seligkeit zu mir herniedergeschwebt war, darüber blieb ich nur so lange in Zweifel, bis ich entdeckte, daß zu dem Engelbilde mit wallenden Locken auch eine, mehr als bescheiden verhüllte Büste gehörte, die nur einem göttlichen Weibe, wie etwa der Ma=dame Morpheus selber angehören konnte.

Da stand sie in meinem eigenen Zimmer, Hôtel de l'Europe Nro. 7, Beletage, selbst belle in jeder ihrer Etagen; die Thürklinke in der zurückgestreckten Linken, einen goldenen Leuchter mit hellstrahlender Kerze in der vorgestreckten Rechten, zu der ein Arm gehörte, wie ihn die Kunst nur erfinden, die haus=backene Natur nicht erzeugen kann. Hier konnte ich nur sagen, was man in solchen gehobenen Momenten zu sagen pflegt: gar nichts! Da stand sie — da lag ich! Da sah sie mich an — da ich sie! Wir sahen uns Beide an und sagten Beide nichts.

Das sanfte Engelslächeln ihres Antlitzes ver=schwand allmählig, als wenn eine duftige Nebelwolke den Silberschein der Venus, am Sternenhimmel langsam vorüberziehend, verdunkelt und verdüstert.

„Hm!" höre ich sanft flüstern. „Verfehlte Invite! Das Alter würde mich nicht geniren; die Zipfelmütze deutet aber auf einen soliden Deutschen! Ich ziehe einen heißblütigen Franzosen vor! Er rührt sich nicht, verhimmelt nicht, sagt gar nichts? Drücken wir uns, ehe er grob wird!" Und sie drückte sich.

„Nun, meine Herren, ich weiß nicht ob Sie sich eine Vorstellung davon zu machen vermögen, wie mir zu Muthe war, als sich die Thür wieder ge= schlossen und mich nun eine ägyptische Finsterniß umgab, den so eben noch eine Lichterscheinung aus höheren Sphären einige Minuten lang so verführe= risch geblendet hatte. Träume ich oder wache ich!" rief ich mir selber zu. Ich betastete meinen Kopf, meine Nase, meine Spille, Alles in gehöriger Ord= nung vorhanden, doch hatte sich der Zipfel depri= mirt nach hinten geworfen.

Ich verstand diesen Wink des Schicksals, warf mich ebenfalls so recht tief in die Kissen zurück unter dem Ausruf: „O Morpheus! Du Gott des sanften Schlummers und der süßen Träume! Nimm mich wieder auf in deine schützenden Arme und bewahre mich vor deinen Sendboten, denn meine ganze Stube riecht noch nach Morphium, Moschus oder Mille= fleurs — ich vermag es nicht zu unterscheiden!"

So drückte ich die Augen fest zu und habe sie erst vor einer halben Stunde wieder aufzumachen gewagt.

Da bin ich nun bei Ihnen, bleibe bei Ihnen und bitte Sie, meine Effekten nebst Mikrometer=schraube sofort herholen zu lassen, denn zehn Pferde bringen mich nicht wieder nach dem Hotel zurück!

„Sehen Sie, meine Herren," bemerkte nun General v. W., nachdem er sich umsah, welchen Eindruck diese Erzählung aus vergangenen Zeiten auf das andächtig lauschende Auditorium wohl ge=macht habe, „so kann selbst der Tugendhafteste in sündhafte Verführungen gerathen und ich empfehle daher, vor allem Ihnen, Herr „Fennrich," niemals die Stubenthür offen zu lassen, was auch ich mir seit jener Zeit nur ausnahmsweis zu erlauben pflege."

Der blonde Lieutenant kam wieder nicht zu Worte, denn der General winkte zur Ruhe mit dem Bemerken: „Stille, stille! ich weiß schon was Sie sagen wollen; aber wenn ich heut Abend noch mit meiner Geschichte zu Ende kommen soll, so muß ich mich beeilen — oder wollen wir ab= und aufbrechen?"

„Beileibe nicht, Herr General! Wir wissen ja eigentlich noch gar nichts vom Diner und den übrigen hinzugezogenen Gästen!" rief die ganze Gesellschaft.

„Ist ja wahr!" lenkte der General wieder ein. „Lassen Sie sehen, wen habe ich denn noch vorzu=

stellen?" Dabei legte er die Autographie wieder
auseinander.

Hahaha! Sehen Sie nur, wie unser Chef hier
nach dem Teller Suppe langt, des Sprichworts stets
eingedenk: „Wer lang suppt, lebt lang!" und er
hat dieß auch, weiß Gott, nöthig, wenn er alle
seine geodätischen Pläne zum Heil der Wissenschaft
noch ausführen will. Sehen Sie nur wie freund=
lich der Hauptmann v. H. dort auf seinem hoch=
beinigen Schusterschemel, von uns Stativ genannt,
ihm den Teller hinreicht. Denn erstlich ist v. H.
gegen jedermann freundlich und wohlwollend, aber
hier weiß er im voraus, daß auf seine Schultern
eine schwere Bürde übergehen würde, wenn sein
Chef schwach werden sollte; er sucht ihn daher zu
stärken, während sein Gegenüber mit dem franzö=
sischen Käppi, zur Linken des Chefs, unterdeß auf
das Wohl aller An= und Abwesenden sein Glas
bis auf die Nagelprobe leert; denn Trinken ist ge=
sund, Trinken ist angenehm und Trinken ist noth=
wendig, um auf den dornigen Wegen der Geodäsie
nicht schmachtend still stehen und bei 30° Reaumur,
wie sie das Thermometer unserer Etalons in den
Mittagsstunden stets zeigte, verschmelzen zu müssen.
Darum trank er und weihte auch dem belgischen
Kameraden P., der uns seine Gegenwart weniger
schenkte, ein stilles Glas.

So wäre ich denn jetzt bei den beiden Haupt=
personen unseres damaligen Sommerfeldzuges an=
gelangt.

Unser Aufenthalt im „Stern" zu Bonn mußte
noch einige Zeit dauern, bis die Fundamente für
die Beobachtungspfeiler gemauert und die Guß=
platten zur Bezeichnung der Endpunkte der zu messen=
den Basis in diesen Fundamenten auf der Chaussee
von Bonn nach Köln festgelegt sein würden.

Wir sahen der Beendigung dieser Vorarbeiten
entgegen und brauchten, bei der Beaufsichtigung und
Leitung derselben, die Diners an der Table d'hote
durchaus nicht darüber zu versäumen.

Dieser rühmlichen Nichtversäumniß des leiblich
angenehmen Geschäftes wollten wir uns auch am
Sonntag den 2. Juni 1847 hingeben, „da speite
das doppelt geöffnete Haus zwei Leoparden mit
einmal aus." Wenigstens hätte der Eintritt von
zwei Leoparden kaum eine größere Sensation bei
dem dinirenwollenden Publicum erregt, als es hier
der Fall war, beim Eintritt der zwei Rothhosen
mit goldenen Streifen, den grünen Uniformfracks
mit den goldenen Epaulettes, den wallenden Feder=
büschen auf den zierlich kleinen Hütchen, welche die
beiden Officiere des königl. belgischen Generalstabs
graziös unter dem linken Arm trugen. Vor Allem
aber fesselten die am rothen Bande baumelnden

Leopoldsorden, die so glücklich das französische Croix d'honneur fast copiren, die Augen aller Anwesenden, besonders die unsrigen. Dieselbe wurde aber auch nicht durch andere Geschwisterkinder abgelenkt, für welche noch viel Raum auf den rund wattirten belgischen Brüsten verblieb.

Unsererseits waren diese Gäste als Theilnehmer an unsern geodätischen Amüsements schon seit mehreren Tagen erwartet. Die Ueberraschung war bei uns daher keineswegs so groß wie bei den Uebrigen, welche sich freuten, daß ihnen der Hochgenuß des Beschauens der grünen Leoparden aus dem Brüsseler zoologischen Hofgarten nicht so schnell entzogen werden sollte; denn nach der dienstlichen Meldung beim Chef und der trigonometrisch kamerabschaftlichen Begrüßung von uns Anderen, nahmen sie auf Einladung des Chefs bereitwillig an der Tafel Platz. Glücklicherweise hatten wir uns an diesem Tage zur Feier des Sonntages und in Erwartung der wichtigen Dinge, die da kommen sollten, ebenfalls wenigstens in die Interimsuniform geworfen. Andernfalls würden wir auf unsere belgischen Kriegskameraden einen nicht allzu günstigen ersten Eindruck gemacht haben, was durchaus nicht in unserer Absicht lag. Vor unsern ahnenden Augen tauchte am Hintergrunde eines noch völlig dunkeln Horizontes bereits das Dämmerlicht irgend eines Ordenssternes

zweiten oder dritten Ranges, je nach der Charge,
auf. Wir wären aus jenem freundlichen Entgegen=
kommen schon jetzt bereit gewesen, ihn, selbst ohne
Schleife und Brillanten, anzunehmen.

Im Geheimen hatte schon ein Jeder von uns
seine sämmtlichen französischen Vocabeln vom Staube
der Vergessenheit möglichst gereinigt, um sie in Pa=
rade vorreiten zu können. Aber, siehe da! es zeigte
sich, daß diese Mühe eine rein vergebliche gewesen
war. Kapitän P. ein schlanker, mehr gelehrt als
martialisch aussehender, blasser Officier, sprach deutsch
so gut wie wir. Kapitän H., mehr jovial martia=
lisch als gelehrt aussehend, von guter Mittelgröße,
blühender Gesichtsfarbe, Adlernase mit starkem
schwarzem Schnurrbart darunter und wohlgepflegtem
Henri=Quatre dazu, blickte aus seinen großen freund=
lichen Augen so liebenswürdig, und radebrechte
so lieblich mit sonorer Stimme, daß wir es ihm
wohl anmerkten, auch er wollte unter Deutschen
ein Deutscher sein.

Daß man zur Begrüßung fremder Gäste nicht
mit miserablem Ahrweiler „Kutscher,“ wie ihn uns
der Gastwirth zum Stern für gewöhnlich credenzte,
anzustoßen pflegt, ist wohl selbstverständlich. Wir
gingen daher bald zum Champagner über und ver=
langten als gute Deutsche und p. t. Rheinpreußen,
wie reine Preußen: „moussirenden Rheinwein,“ —

frappé natürlich — des französischen Anklangs
wegen.

Die Silberköpfe schauten eben so freundlich und
begehrlich aus ihren kalten Sitzbädern heraus, wie
wir in diese hinein, bis Hauptmann v. H. als
ehemaliger reitender Artillerist das Batteriefeuer
eröffnete.

Die bei solcher Gelegenheit üblichen, anstößlichen
Redensarten wurden gewechselt; es wurde auch obli=
gatorisch dazu getrunken und — wenn man Durst
hat, schmeckt selbst einem preußischen Lieutenant
der Champagner. Nur unser belgischer Kamerad,
Kapitän H., schien einige Bedenken zu haben. Er
riß von Minute zu Minute die Läden seiner Guck=
fenster weiter auf, legte graziös die Lorgnette vor
und ließ sich dann wie folgt vernehmen:

„O, meine Erre, Sie thun mir eine kroß Err an,
aber das Wirth ist ein kroß Spitzbub! — garçon!
le maître d'hôtel, s'il vous plaît!"

„Tout suite, Monsieur le Commandant!" ant=
wortete der angerufene Kellner, welcher geschickt eine
Mittelcharge zwischen General und Hauptmann her=
vorsuchte, um beileibe nicht durch Unhöflichkeit die
in Aussicht stehenden Trinkgeldfrancs zu verscherzen.

Der Wirth, welcher glücklicherweise nicht am
Tisch saß und daher das ihm beigelegte schmeichel=
hafte Prädicat nicht gehört hatte, verließ trippelnd

das Nebenzimmer, wie sein Tranchirgeschäft und kam unter Geleit seines Garçons zur Stelle.

„Mon ami! Sie mak eine kroß Blamage, wenn Sie bedien Ihre Gäst mit dieses Vin, was bei mir trink die cochers."

„Ah, Monsieur! je vous demande mille fois pardon, aber es ist das Ehrenbreitsteiner, der bei meinen Gästen sehr beliebt ist!"

„Eh bien! Ick kennen sehr kut den Ehrenbreit= stein, denn ick sein der Besitzer von die Kreuzberk! C'est la deuxième qualité, Monsieur — voilà tout!"

Der Wirth stürzte zum Eisbecher, hob eine Flasche heraus, besah sie, that über die Maßen erschrocken und rief dem Kellner zu: „Welche Dumm= heit, Jean, sich so zu irren!" Sprach's und lief mit unsern Flaschen davon, die wüthendsten Blicke dabei auf den Kellner abschießend.

Kapitän H. warf triumphirende Blicke um sich, während wir halb verdutzt den confiscirten Flaschen nachschauten, von denen eine bereits leer war; Unterdeß erörterte der Kapitän, daß er den Schwindel kenne. Der Kreuzberg bei Ehrenbreitstein sei das Heirathsgut seiner Frau und sein Schwager fabricire den moussirenden Rheinwein, von dem die Gast= wirthe aber zwei Sorten begehrten, um unkundige Gäste mit Nro. 2 zu dupiren.

Richtig erschien der Wirth, unter tausend Bitten

um Entschuldigung des unverzeihlichen Irrthums, mit dem Ersatz durch Nro. 1 für 2.

Diese Nro. 1 zeigte sich denn auch als würdiges Kind des liebenswerthen Vaters, und selbstredend thaten wir beiden alle Ehre an.

Bis soweit ließ sich also die Einleitung unserer Sommercampagne ganz gut an, aber auch in anderer Beziehung nahm dieselbe einen erwünschten Fortgang. Die Fundamente lagen mit ihren Guß= platten nicht bloß in der Erde, sondern auch die darauf geschraubten Eisensäulen und Deckplatten ragten auf vier Fuß Höhe darüber hinaus.

Die mit Milch, Gemüse, Cerealien und Vic= tualien täglich vorüberziehenden Landmädchen blickten anfangs erstaunt darauf, erkannten aber alsbald den Wink des Schicksals, und ließen auf unsere drei Beobachtungspfeiler die schweren Traglasten von den rheinländischen Blondköpfchen herabgleiten. So trugen die drei Tischchen einstweilen gemeine Markt= körbe mit Kartoffeln, Kohlrüben und Kopfsalat statt der kostbaren Theodoliten und Signaltafeln.

Doch damit war es noch nicht abgethan, „Müßig= gang ist aller Laster Anfang“ und wenn dieß Wort nicht Wahrheit wäre, so müßten wir nicht so viele schlechte Gedichte und Novellen lesen, die als Kinder der Langenweile auf den Büchertisch abgelagert werden. Wenn dieß Wort nicht Wahrheit wäre,

wie der eben daraus gefolgerte Schluß die reinste
Wahrheit ist, so wären unsere lieben rheinländischen
Dichterinnen aus dem Kuhstall und Gemüsegarten
nie darauf gekommen, diese Stätten der Ruhe und
Langweile, welche wir ihnen gebaut und vorsichtig
mit weißen Schutzkasten umgeben hatten, als ein
Dorfalbum zu benutzen und ihre geistreichen Ge=
danken darin einzutragen.

Ja, meine Herren, die Wissenschaft ist um so
viel ärmer geblieben, als ich den Verlust der
Copien aller der poetischen Ergüsse im Volksdialect
zu beklagen habe, welche mit mehr oder weniger
Aufwand von kalligraphischer Kunst auf den weißen
Holzwänden der Schutzkasten deponirt waren:

> „Hie war'n de Hadeküs drin gedrögt,
> Der Düwel hat se selbst wohl hingelegt,"

d. h. „Hier werden die Handkäse getrocknet, die
der Teufel hingelegt hat." — Das ist der einzige
Erguß der rheinischen Naturpoesie, welchen ich im
Gedächtniß aufbewahrt habe und ich wollte denselben
daher weder Ihnen, meine Herrn, noch der Wissen=
schaft vorenthalten.

Nachdem nun unsere trigonometrische Macht
durch den Zugang einer Section vierundzwanzig=
pfündiger Artilleristen, unter dem Commando eines
Oberfeuerwerkers zu einer wahren Großmacht

erweitert hatte, fand der Aus= und Umzug nach
„Hörrschel" (Hörsel) statt — ein Triumphzug wie
ihn Bonn noch nicht erlebt hatte.

Obgleich wir kein Musikchor und keine Fahnen=
schwenker bei diesem Gewerkszug der durchaus zünf=
tigen trigonometrischen Genossenschaft vorausschickten,
würden wir doch in jedem Festcarnevals= oder
anderem lustigen Aufzuge ein würdiges Mittelglied
der bunten Kette gebildet haben, wenn Kapitän H.
auch nicht seinen rothen Käppi aufgestülpt und
Lieutenant R. auch nicht sein Trompeter=Civil an=
gezogen, selbst wenn Oberst B. auch nicht die treue
„Mikrometerschraube" in der Rechten geführt hätte.

Glücklich hatten wir Bonn ohne Jubelgeschrei
hinter uns; der Oberfeuerwerker, als Divisions=
Commandeur, hatte bereits den hinter dem Möbel=
wagen stramm marschirenden Vierundzwanzigpfündern
„ohne Tritt" kommandirt und die Tabakspfeifen
in Brand setzen lassen; ein kurzer Marsch und
gastlich winkte uns der Kirchthurm Hörrschels wie
ein großer Zeigefinger entgegen.

Aber ach! es war wohl ein verkanntes Droh=
zeichen? Denn das würdige Oberhaupt — genannt
Schultheiß — des rheinischen Freistaates Hörsel
war so frei, sich bei unserm Abmarsche aus dem
Staube zu machen, uns selbst aber dem Staube
der Chaussee und einem dunkelen Schicksale zu über=

laſſen. Er ſelbſt aber glaubte darüber durchaus
nicht im Dunkeln zu ſein, daß wir eben ſolch eine
Zigeunerbande — oder Puppenſpieler — wären,
wie die, welche er vor kaum acht Tagen über die
engen Grenzen ſeines Reiches zu jagen ſich „von
Rechts= und Obrigkeitswegen" veranlaßt geſehen
hatte, weil ſich die Bande in factiſchem Ueberfluſſe
von Mangel an Subſiſtenzmitteln befand.

Dank ſei es unſerem belgiſchen Kameraden H.,
der recht anſtändige Batterien auffahren ließ, um
eine Breſche in das gefühlvolle Herz der Mutter
des Freiſtaates, die zugleich die angenehme Wirthin
des einzigen Gaſthauſes war, zu ſchießen. Dieß Bom=
bardement, mit blanker Baarzahlung Zug um Zug
begleitet, wirkte; der Schultheiß und Krugwirth —
ob auf optiſch=telegraphiſchem oder akuſtiſchem Wege
benachrichtigt, das blieb unerfindlich — erſchien ur=
plötzlich und war nicht wenig erſchrocken, als ihm die
königliche „Offene Ordre" präſentirt wurde, welche
uns nicht allein zu Quartieren, ſondern auch zum Be=
ſteigen der Kirchthürme, Schlagen von Durchſichten in
den Wäldern, Betreten der Wieſen und Felder und zu
anderen Ungezogenheiten berechtigte, reſp. die Ortsbe=
hörden aufforderte, uns nach Kräften dabei beizuſtehen.

„Der Düwel! dat hätt könne ſchlimm uusfalle!"
murmelte die Ortsbehörde, ſich den Schweiß trocknend.
Wir aber waren nun geborgen.

Mit Beseitigung der bürgerlichen Sorgen nahmen nun die stabsdienstlichen zum Wohle der Wissenschaft bald ihren Anfang.

Herr Gott! das war ein Kribbeln und Krabbeln auf der Viertelmeile Chaussee, der das Glück beschieden worden, zu einer geodätischen Basis erhoben worden zu sein. Da wurden von den „Vierundzwanzigpfündern" Platten gelegt, Gewichte drauf gestellt, Böcke gesetzt (zu Anfang sogar auch geschossen, es war das Probeexerciren). Dann wurden die geheimnißvollen Etalons gelegt, dieselben mittelst Theodolit und Fahnenschwenken nach einer Signaltafel eingerichtet; die Thermometer abgelesen; die Wasserwagen gestellt, geschraubt, abgelesen und notirt, so wie endlich die Abstände der Etalons von einander mit mathematisch genau geschliffenen Glaskeilen ebenso abgemessen, wie die differirende Ausdehnung der Zink= und Eisenstäbe, welche die Meßstangen bilden.

Ach, das war ein lustiges Leben, in welchem ein Jeder, vom Ersten bis zum Letzten, auch Friedrich und Franz, seine kleinen unscheinbaren Geschäfte hatte, von deren exacter Ausführung so Vieles, in der letzten Schlußfolgerung sogar das Schicksal unseres Planeten, d. h. die wahre Gestalt der Mutter Erde abhing; denn positive, d. h. mathematische Gewißheit über die Rundungen ihres

Bauches ist nur aus ausgedehnten geodätischen Messungen zu erlangen.

So hatte denn die Arbeit einen großen Reiz für uns Alle; nicht minder reizend aber waren auch die Pausen, welche nothwendigerweise eintreten mußten, sollten wir nicht dem traurigen Schicksal entgegen gehen, als vertrocknete Mumien neben den Mönchen im nahen Poppelsdorf einrangirt zu werden. Am allerwenigsten wäre Kamerad H. damit ein= verstanden gewesen, weil er überhaupt kein Freund des Vertrocknens war und dann hätten ja die ver= haßten How-do-you-do's auch über ihn, wie über die unschuldigen Mönche, faule Witze machen, auch auf seinem Bauch trommeln können; — das waren kitzelige Punkte!

Es existiren noch Skizzen, wie wir in solchen Pausen im Chausseegraben und grünen Klee, unter schattigen Apfelbäumen, wie die müden Handwerks= burschen umher lagen und lungerten. Letzteres nach befeuchtendem Thau des „Friedrich=Franz"=Depar= tements. Eine dieser Skizzen von der Hand des Hauptmann v. H. — Gott habe ihn selig, da er als General und Chef der Landes=Triangulation gestorben und bei Genf begraben — sie stellt mich selbst in so horizontaler Lage und Ansicht dar, daß meine Nase über der gewölbten Stirn allein zum Vorschein kommt, gerade so als hätte dem

Maler der Chimborasso auf der Erdkugel zum Vorwurf gedient.

Die Krone des Ganzen bildete jedoch immer
das Diner, bei dem uns der Möbelwagen als
Speisesaal diente; denn er war so sinnreich construirt, daß noch Viele neben demselben Platz hatten,
wenn die paar Plätze ersten Ranges in demselben
schon occupirt waren.

„Sehen Sie sich, meine Herren, dieß Bild nochmals genau an," fuhr der General fort. „Ist es
nicht himmlisch, wie wir hier im Möbelwagen das
Angenehme mit dem Nützlichen zu verbinden wußten?
War es nicht der Mühe werth dieß Bild der Nachwelt aufzubewahren? Ich selber habe es in der
Mappe, wie jeder Theilnehmer. Aber dieß Exemplar
hier vor uns kann, wie gesagt, nur über Brasilien,
England, Asien und die Türkei den Weg zu uns
wieder gefunden haben, wohin die Wogen des
Schicksales unsern armen Schleswig-Holsteiner und
trigonometrischen Kameraden R. getragen haben.
In Gedanken höre ich ihn dabei mit verbissenem
Grimme - das Lied summen: „Ist mir nichts, ist
mir gar nichts geblieben, als die Ehre und dieß
alternde — Bild, ein Bild aus „vergangenen
Zeiten," das uns Allen nie aus dem Sinne
kommt."

„So, meine Herren, nun kann ich wohl meine

Erzählung schließen, da Sie nunmehr wissen, was
dieß Bild bedeutet und weßhalb der Eisenbahnmann
dasselbe auf seiner großen Rundreise über die ver=
schiedenen Oceane und Hemisphären mit sich ge=
führt, jetzt aber es mir zugeschickt hat."

„O, bitte, Herr General," ließen sich alle Zu=
hörer vernehmen. „Es ist noch früh genug und
Sie können uns noch Einiges über das interessante
Kapitel zum Besten geben. Namentlich möchten
wir noch mehr über die belgischen Kameraden hören.
Also, bitte, bitte!"

Da öffnete sich die Thür des Speisesaals. Ein
Armee=Gendarm trat mit einem großen Dienstbrief
ein und aus Aller Mund hörte man: „Siehe da!
Wohl noch ein Bild vom „Diner auf der Land=
straße?" Der Armee=Gendarm trat auf den General
zu und überreichte die Depesche mit den Worten:
„Divisionsbefehl!" Derselbe entfaltete das Schrei=
ben, blickte hinein und antwortete: „Ich danke!"

Aller Augen waren auf den General gerichtet,
der plötzlich sehr ernst geworden war, dann wieder
lächelnd aufblickte und in wichtig klingelndem Tone
sagte:

„Ja, meine Herren, wieder ein Diner auf der
Landstraße, aber mit Musik und Tanz — nämlich
„Waffentanz!" „Morgen früh fünf Uhr steht die
Division auf der Darmstädter Landstraße zum Aus=

marsch bereit. Ordre de Bataille unverändert; die Brigade Wrangel marschirt direct auf Stockstadt 2c."

„Hurrah!" riefen die Officiere und ließen die Gläser klingen.

„Nun, meine Herren, da wir doch vielleicht nicht bald wieder so fröhlich, vielleicht auch nicht so vollzählig wieder beisammen sitzen werden wie jetzt, so denke ich, wir machen noch eine kleine Bowle, während Hauptmann N. die Ordre ausfertigt und an die Regimenter abschickt, und ich will dann bei derselben Ihren Wünschen weiter nachkommen."

Premierlieutenant v. C. winkte dem Oberkellner und eine Ordonnanz ertheilte demselben leise die nöthigen Aufträge zur Vollziehung des Brigade=befehles und der General fuhr fort wie folgt:

„Also von unserem lieben Kapitän H. möchten Sie noch einige Details registriren? — Nun, da kann Ihnen wohl geholfen werden! Aber was denn zuerst? — Halt, da fällt mir die Theodoliten=geschichte ein und manch Anderes daneben, was ich voranschicken will."

Wie ich schon erzählte, wurde ein Theodolit bei der Basismessung dazu verwendet, die Etalons genau in das Alignement der Basis einzurichten. Er wurde deßhalb auf ein Stativ im Alignement selbst aufgestellt. Lieutenant R. im Trompeter=Civil saß dahinter auf einem Schemel, mit der Fahne

in der Hand und richtete ein. Plötzlich steigt ge=
waltiger Staub auf der Chaussee auf. Eine offene
Kalesche kommt im Carrière von Bonn dahergebraust
und zwei mächtige, schwarze Newfoundländer laufen
daneben, mit den Pferden um die Wette.

„Ah der Prinz!" rufen Alle (Prinz F. K.
studirte damals in Bonn und der jetzige Kriegs=
Minister v. Roon war ihm als Gouverneur zur
Seite). Unser Chef hatte sich bei seiner Ankunft
beim Prinzen gemeldet und dieser hatte versprochen,
unsere interessanten Arbeiten gelegentlich anzusehen.
Zu dem Zweck war er jetzt hinausgefahren.

Bei dem entfernt aufgestellten Theodoliten ließ
er sofort anhalten. Die Newfoundländer verstanden
noch zu wenig von Geodäsie und erachteten den
kostbaren Theodolit so gering, daß sie ihn in wuch=
tigen Sprüngen, sammt Dreifuß und beobachtendem
Lieutenant, beinahe über den Haufen liefen. Letzterer
ließ sich aber in seinem Dienst nicht stören, sah mit
keinem Blick nach Prinz und Adjutant, sondern
schwenkte, nach wie vor durchs Fernrohr schauend,
die rothe Fahne. Dieß erschien nun wieder den
Newfoundländern als eine bis dahin unerhörte Miß=
achtung der Hofetiquette und sie fingen zu bellen
an, daß der Theodolit auf dem Stativ zitterte und
Lieutenant R. es für nöthig hielt, sich in den Ver=
theidigungszustand zu setzen, indem er die Fahne

zusammen rollte und das dicke Ende des Fahnen=
stockes nach oben nahm. Sicher würde die Geschichte
eine Schlacht von Hörsel zu verzeichnen gehabt haben,
hätte der Prinz nicht schon damals sein Feldherrn=
talent entwickelt und sofort so energisch eingegriffen,
daß ein Blutvergießen rechtzeitig vermieden und die
schwarze Avantgarde den Rückzug antreten mußte.
Denn das Commandowort wurde durch ein paar
disciplinarische Katzenköpfe erfolgreich unterstützt und
so der „Friede von Hörsel" (siehe Rotteck, VII. Band)
hergestellt. Si vis pacem, para bellum, d. h.
nimm stets den Knüttel in die Hand, wenn Hunde
den Frieden stören wollen.

Nun wollte Se. Königl. Hoheit aber auch auf
die üblichen, dem größeren Publicum aber erst seit
Nizza und Savoyen näher bekannt gewordenen
„Friedens=Compensationen" Anspruch erheben und
griff ohne weiteres nach dem Theodolit.

Wenn den Lieutenant R. auch keine Furcht vor
einer beabsichtigten Annectirung beschlich, so parirte
er dennoch den kühnen Griff, welcher das Durch=
schauen des Fernrohrs Seitens des Prinzen einleitete,
durch ein donnerndes „Halt! Königl. Hoheit. Nicht
kitzeln! d. h. nichts anfassen, was unsere kitzlichen
Arbeiten verwirrt!"

Diese mit in Quart gesenkter Fahne unterstützte
Parade hatte den erwünschten Erfolg; denn nun

beobachtete der Prinz durch das von ihm unberührte Fernrohr die im Hintergrunde arbeitenden Trigono= meter und Vierundzwanzigpfünder, auf welche es ja eingestellt war und begab sich dann zu ihnen. Sein Besuch endete mit einer Einladung zu einem Diner für uns. Abonnement suspendu für die Vierund= zwanzigpfünder.

Welcher preußische Lieutenant ist nicht vergnügt, wenn ihm die Ehre zu Theil wird, von einem Prinzen zum Diner eingeladen zu werden. Mit unserem Fahnenschwenker und Lieutenant R. war es anders. Der ließ den Kopf gewaltig hangen, als ihm der Oberst in der Pause sagte: „Königl. Hoheit hatten die Gnade uns Alle zu Tische zu befehlen.“

Jetzt entspann sich folgendes Zwiegespräch zwischen dem Oberst B. und Lieutenant R.

„Herr Oberst! bedaure sehr auf die große Ehre verzichten zu müssen.“

„Sind Sie nicht recht gescheidt? — Was könnte Sie dazu veranlassen?“

„Herr Oberst, jeder Berliner kennt den Sitten= spruch: „immer mit den Hutt!“ Ich aber dachte: was soll ich mit dem „Schraubenzieher“ bei der Arbeit auf dem Lande und habe das lästige Stück Möbel zu Haus gelassen.“

„Herr des Himmels! Mann! Das ist ja ganz kopflos von Ihnen gehandelt!“

„Bitte um Verzeihung, Herr Oberst, nur hutlos!"

„Herr! erlauben Sie sich nicht einen Scherz aus so ernster Sache zu machen mit Ihrem „Kalauer." In welchem Anzuge haben Sie sich denn in Bonn beim Commandaten gemeldet?"

„Im Hut des Hauptmanns v. H., der mir vortrefflich paßt. Wenn der Herr Hauptmann die Güte haben möchte, mir denselben herauszureichen, nachdem er — — die Sache ließe sich, glaube ich, unbemerkt arrangiren."

„Immer besser! Ich dächte gar! Ihre Sache ist's, zuzusehen wo Sie einen Hut zum Dienste herbekommen; das Diner gehört zum Dienst! Verstanden?"

„Zu Befehl, Herr Oberst, werde schon einen beschaffen!"

Was nun an diesem Abend Alles vorging, verdient eigentlich als besondere Geschichte der Nachwelt überliefert zu werden. So viel sei nur in Kürze angedeutet, daß dem Lieutenant R. von Stunde zu Stunde der Kopf dicker wurde über alle getäuschten Hoffnungen. Schon aus diesem Grunde wäre es ja unmöglich gewesen, einen passenden Hut zu finden, derselbe sollte aber nicht bloß zum Kopf, sondern auch zur Generalstabsuniform passen. Nun wäre es dem Lieutenant R. wohl nicht darauf angekommen, von irgend einem der dort garnisonirenden Officiere der Uhlanenschwadron einen Hut zu pumpen und ihn trotz der Cavallerie=Agraffe auf= zustülpen. Aber das Unglück wollte, daß auch diese zum Diner geladen waren.

„Ah bah!" sagte Lieutenant R. „Wo Officiere sind, gibt es auch Militär=Effectenhändler, minde= stens Hutmacher, die solche Sachen führen; suchen wir einen auf."

Der erste hatte ein paar Militärmützen im Schau= fenster stehen. Ah! der Mann wird aushelfen können!

„Haben Sie Militärfederhüte?"

„Bedaure sehr, zu wenig Nachfrage!"

„Wo gibt's denn welche hier in Bonn?"

„Hm! Vielleicht bei meinem Collegen auf der Rheinstraße, der mehr Geschäfte mit den Herren Officieren macht!" — Hin zu diesem. —

„Haben Sie Federhüte? — Dreimaster mein' ich!"

„Hm, damit könnte ich wohl dienen, ich han e paar!"

Es wird von der herbeigerufenen Stina eine Fußbank, dann eine wacklige Leiter herbeigebracht. Der dienstfertige Hutmacher kriecht in allen Winkeln und auf allen Schränken umher. Endlich zieht er aus einer dunklen Ecke ein Institut hervor, dessen Lebensalter auf ein längst entschwundenes Jahr= hundert hindeutet und wahrscheinlich nicht mehr mit Sicherheit festzustellen sein wird, selbst wenn auch der

dicke Staub vollständig herunter geklopft ist. Für
einen Theaterdirector eine ganz köstliche Acquisition,
selbst für einen Mauerpolierer nicht ganz zu ver=
achten um, mit Schurzfell versehen, die Gewerks=
Insignien im linken Arm, in der rechten Hand
eine Citrone mit Rosmarinzweig und diesen Drei=
master auf dem Kopf, eine Rede zu reden „à la
Kluck."

Beim Anblick dieser Fregatte von Dreimaster
ging dem armen R. eine ganze Flotte von Hoff=
nungen zu Grunde und ängstlich fast klang seine
hoffnungslose letzte Frage:

„Und das ist Ihr ganzer Vorrath?"

„Ich han mehr gehabt, aber meine Frau hat
Filzsohlen draus geschnitte!"

Zu einer Entdeckungsreise nach Köln war es
über der Recognoscirung in Bonn zu spät geworden
und das Ende vom Liede war, daß dem Oberst
nicht allein, sondern auch dem Lieutenant R. die
gute Laune abhanden gekommen war, weil letzterer
wegen Mangel eines segelfertigen Dreimasters nicht
„auslaufen" konnte, d. h. zu Hause bleiben mußte.

Das Alles knüpfte sich an des Prinzen Besuch
der geodätischen Vermessung, und noch mehr; denn
im Kapitän H. war nach dem Beobachtungsversuch
des Prinzen der Wunsch rege geworden, auch ein=
mal die Güte unserer Fernröhre zu prüfen, ob=

gleich dieselbe durch die Aufschrift „Frauenhofer in München" garantirt war.

In der nächsten Pause, nachdem der Prinz uns verlassen, die Chaussee auch nicht mehr durch die Newfoundländer, Hochwohlgeboren, unsicher gemacht wurde, trat H. zum Theodolit.

„Muß ick doch mal anschauen die schönen Mädges durch den Glas," war seine Einleitung zur Prüfung der mathematischen Instrumente. Damit richtete er das Fernrohr auf eine Gruppe wandernder Mädchen mit mächtigen Grünbündeln auf den Köpfen. Wir Alle standen herum. Der Kapitän schaute und guckte und drehte den Kopf, sagte aber kein Wort.

„Nun," sage ich, „Kapitän, wie finden Sie das Fernrohr? Nicht wahr, gute Gläser? vollständig achromatisch!"

„Kanz vortrefflich! vraiment! aber — —

„Nun? Was haben Sie daran auszusetzen?"

„Aber steht Alles auf die Kopp; Gesicht unten, Kopf oben von die Mädges."

Wir hatten Mühe ernsthaft zu bleiben und wußten nun, was hier die trigonometrische Glocke geschlagen, antworteten daher im Scherz: „Das ist allerdings gefährlich, deßhalb ist es bei uns auch nicht erlaubt, die Fernröhre auf Mädchen zu richten. Wenn Sie bloß nach den Augen sehen, wie nach andern Sternen, dann macht sich der Fehler weniger fühlbar." —

Nun wollen wir aber die Basismessung verlassen und die Operation mit dem Theodoliten fortsetzen, wobei Kamerad H. uns auch ferner behülflich war, um über die ganze Operation in Brüssel mitsprechen zu können.

Hauptmann P. besuchte uns nur täglich; Kamerad H. blieb aber permanent bei uns, theilte unsere guten und schlechten Quartiere und machte sich nach Möglichkeit nützlich, nicht allein bei der Arbeit, sondern auch durch Aufsuchen guter Getränkequellen, wobei sich oft kleine Nebenamüsements für ihn ergaben. „Doch über diese sollte ich wohl eigentlich in discreter Weise schweigen," fügte General W. nach kleiner Pause langsam hinzu.

„O nein, Herr General! Was ist in Officierskreisen indiscret?" u. dgl. m. riefen die Officiere durcheinander.

„Ja, wenn nur der Fennrich nicht wäre, ein so junges Blut — —"

„Ach, Herr General, ich weiß nicht — —"

„Na still nur, stille! Ich will ja fortfahren, aber lösen Sie den Adjutant im Dienst ab, denn ich sehe, daß er das Füllen der Gläser höchst lässig vollführt."

„Meine Herren," erzählte der General weiter, „an das Nachfolgende kann ich nicht denken, ohne mich im Geiste zuvor nach Breslau zu versetzen."

In den dreißiger Jahren war dort auf der „Taschenbastion" der geschleiften Festung stets ein blinder alter Mann zu treffen, der den Spazier= gängern auf der schönen Promenade Gesänge vor= trug. Seine Tochter begleitete dieselben auf der Harfe. Papa spielte dabei erste Geige, sein Söhn= chen die zweite. Eines seiner Hauptlieder fing so an (der General sang zum Ergötzen der Officiere, be= sonders des heimlich kichernden blonden Lieutenants):

> Kommt die Nacht mit ihrem Schatten,
> Schleich' ich still zum Garten hin;
> Setz' mich lauschend auf die Moosbank
> In der Laube von Jasmin.

Dieses Lied ist mir hauptsächlich deßwegen so fest im Gedächtniß geblieben, weil der blinde Vater dem geigenden Knaben regelmäßig beim dritten Verse wüthend zurief: „Fis! nichtswürdiger Bengel! wirst du Fis greifen!" Der junge Paganini griff aber regelmäßig f und erhielt deßhalb zuweilen statt der instructiven Ansprache einen Katzenkopf aus ff, was der Harmonie des Gesanges wie der Familie keinen Abbruch that.

Doch dieß nur beiläufig. Sie werden bald er= kennen, weßhalb ich des Liedes hier eingedenk bin. Unsere Quartiere befanden sich in Gielsdorf, wo ein Beobachtungssignal erbaut war und wo Kapitän H.

nach kurzer Recognoscirung einen ganz famosen Rothwein entdeckt hatte, nach welchem wir uns später noch oft sehnten.

Das Dorf ist sehr schön an einem sonnigen Berghügel belegen und haben sich am Fuße desselben verschiedene wohlhabende Familien der Umgegend schöne Villen gebaut, die sie im Sommer bewohnen.

In einer derselben residirte die Wittwe G. aus Bonn und hatte zwei recht artige Zofen in ihrem Hausstandsgefolge. Diese Kabinetsstücke blieben unserer Kenntnißnahme entzogen; Kamerad H. aber hatte die Täubchen längst ausspionirt, geködert und gekirrt.

„Kam nun die Nacht mit ihrem Schatten,“ zuweilen auch wohl schon etwas früher, so „schlich sich H. zum Garten hin,“ nachdem er längst seinen rothen Käppi mit einer unscheinbaren Civilmütze vertauscht hatte. Wir haben dieß allerdings erst nachträglich von ihm erfahren, denn wenn Mr. le Capitain für uns zeitweise spurlos war, so machte uns dieß keine Sorgen, da er sich ja in einem Alter befand, in welchem man selbst seine liebsten Kinder nicht mehr ängstlich hütet.

Ob sich Kamerad H. nun im Garten der Wittwe G. auf eine „Moosbank“ niederließ, oder ob er sich von andern geeigneten Punkten aus aufs Lauschen verlegte, das hat er uns auch später selbst

nicht mitgetheilt. Soviel ist aber dennoch bis zur
Evidenz nachgewiesen worden, daß er ganz vortreff=
lich operirt und keineswegs ins Blaue hinein ge=
lauscht und abgewartet hat, ob ihm die Täubchen
vielleicht gebraten in den Mund fliegen, resp. sich
lebens= und liebeswarm ihm auf den Schooß setzen
würden. Ob die Moos= oder Gartenbank in einer
„Laube von Jasmin“ stand, ist gleichgültig. Warum
sollte es auch gerade Jasmin sein, der im Juni
nicht mehr blüht und nur im schönen Monat Mai
die Sinne der unschuldigen Täubchen, die sich harm=
los in den Schooß irgend eines Schwerenöthers
niederlassen, berückt und betäubt. Kamerad H. hatte
es jedenfalls zweckdienlicher gefunden, eine duftende
Rosenlaube aufzusuchen. Rosenlaube und Rosenduft!
Rothe Backen und schwarzer Schnurrbart! Süßflötende
Nachtigallen im Hintergrunde! Ein sanft girrender
Täuberich im Vordergrunde! Da müßte jedes Täub=
chen ja ein Herz von Stein haben, wollte es nicht
beim Silberschein des Mondes, für dasselbe einen
Zufluchtsort gerade in dieser Laube aufsuchen, die
so große Kostbarkeiten für das sich einsam fühlende,
sehnsuchtsvolle Herzchen darbot.

Und sie kamen geflogen die Täubchen, erst die
eine, dann die andere, selten beide und lauschten dem
süßen Geschwätz im zerbrochenen Deutsch, was so
unvergleichlich und darum doppelt verführerisch klang.

Wie fein war die Geschichte eingefädelt! — Aber alle Tauben fürchten den bösen Habicht, wenn sie den Schlag verlassen. Unsere Täubchen hatten nun ihren Habicht nicht außerhalb, sondern innerhalb ihres Schlages. Derselbe hatte zwar einen Schnabel, wie die Mädchen ihn bezeichneten, doch gehörte dieser schon mehr in die Kategorie der Schnauzen, und „Zündnadelschnauze" wäre die rechte Bezeichnung gewesen, wenn diese damals schon im deutschen Sprachschatze Aufnahme gefunden hätte. Aber jedenfalls war es ein Habichtschnabel, indem er einem Stoßvogel angehörte, dessen Habichtshaken von Unverständigen nur mit „römisch Profil" bezeichnet wird und ein ganz Stück höher als der Schnabel selbst saß, um desto besser, von oben herunter, das Werk des Zerfleischens vornehmen zu können.

Dieser Habicht, genannt Madame G., von beiden Täubchen bis zum Exceß gefürchtet, wurde von einem derselben im Schlage gehütet, so lange das andere draußen koste; in der Militärsprache, wie Sie wissen, meine Herrn, heißt das „den Feind beschäftigen," um seine Aufmerksamkeit von geheimen Manövern, wie sie hier in der Laube stattfanden, abzulenken.

Wenn nun der alte Habicht schnabelte: „Wo steckt denn Käthchen wohl?" so antwortete Stinchen: „die plättet die Falten aus dem grauen Kleide von Madame." Darauf ging Stinchen unfehlbar hinaus

und glättete ebenfalls Falten, welche sich aber nicht
im grauen Kleide der Madame G., wohl aber im
Rosakleide Käthchens frisch gedrückt hatten. Käthchen
erschien dann mit rosigen Wangen vor Madame
Habicht, welche nun mit eigenen Augen sah, wie
warm dem fleißigen Käthchen bei der Arbeit geworden war. Hieß es aber im umgekehrten Fall:
„Wo mag denn Stina heut Abend sein?" so antwortete Käthchen: „O, die sieht die Wäsche der
Madame nach!" oder dergl. und Madame konnte
sich dann gewiß bald davon überzeugen, daß auch
Stina ein fleißiges, braves Mädchen ist, das noch
spät am Abend für das Wohl der Herrschaft und
deren Eigenthum treue, warme Sorge trägt.

Selbstverständlich suchten die beiden Mädchen
die so nöthige Abwechselung in die Arbeits- und
Abwesenheitsvorwände zu bringen und die Manöver
gelangen mehrere Tage hindurch ganz vortrefflich.
Leider war der Teufel, der überall die Augen offen
und dann gleich seine Krallenhand bereit hat, mit
dieser Eintracht nicht lange einverstanden. Er sandte
eine seiner liebsten Töchter, Fräulein Eifersucht, ab
um das Kukuksei der Zwietracht in das warme Nest
zu legen und allerhand Teufelei darin ausbrüten
zu lassen.

Madame war bereits so vertrauensvoll geworden, daß sie gar nicht mehr fragen mochte, wo

steckt Käthchen? wo bleibt Stinchen? — Sie wußte
ja, die guten Kinder sorgten für ihre Kleider, Hauben
und andere wichtige Dinge, die derselben am Herzen
lagen wie ein enges Corset. So saß sie an dem
einen Abend, mit der Brille auf der Nase und den
„Stunden der Andacht" vor derselben. Sie las so
andächtig, daß sie die beinahe einstündige Abwesen=
heit Käthchens gar nicht bemerkt hatte. Stina strickte,
wurde aber nach und nach so unaufmerksam, daß
sie eine Masche nach der andern fallen ließ, weil
sie alle Augenblicke das Köpfchen nach der Stuben=
thür wandte. Schon glaubte sie Tritte auf der
Treppe zu hören. Käthchen mußte ja doch endlich
kommen. Sie hatte sich aber verhört; denn Käthchen
saß unbekümmert noch in der Rosenlaube, sog den
Duft der Blumen ein, badete das Auge in den
schwärmerischen Blitzen, welche die des liebenswür=
digen Fremden wie ein stetes Wetterleuchten schoßen
und erquickte ihr Ohr an den süßen Schmeichelreden,
welche in zerbrochenem Deutsch über den dunklen
Henri=Quatre stolperten, daß es eine Lust und
Freude war. Und wie aufrichtig dabei waren all
die süßen Worte des Lobes der Schönheit Käthchens,
die Versicherung seiner ewig unwandelbaren und
mehr als ersten Liebe! Wenn Käthchen nur den
geringsten Zweifel darüber laut lassen werden wollte,
so bekräftigten die aufrichtigsten Küsse des süßen

Schwärmers Worte und sein Zorn wurde durch Käthchens reumüthige Bitte um Verzeihung, die ditto mit aufrichtig zärtlichen Küssen unterstützt wurden, wieder besänftigt. Ach! Nichts ist süßer als verzeihen — und dabei so tugendhaft!

Daß also Käthchen nicht daran denken konnte aufzuspringen und fortzulaufen, um Madame Gesellschaft zu leisten, war zu natürlich und daher leicht erklärlich. Nur Stinchen erschien dieß unerklärlich, sowie, daß Madame das böse Käthchen gar nicht vermißte. Daß sie gar nicht wieder kam, erklärte sie sich schließlich mit einem „Freilich! Ich habe längst gefühlt, daß er die doch noch lieber hat als mich! Ich werde nur als Deckmantel benutzt, damit sie sich ungestört sprechen und lieben können! Ich will auch gar nichts mehr von ihm wissen und vom falschen Käthchen erst recht nichts. Ach!" — Diese Stoßseufzer waren nur gedacht bis auf das schließliche „Aach!" das bei der Stille der Klause geräuschvoller als Stina es beabsichtigt hatte, sich der beklemmten Brust entwand.

Dadurch wurde die Andacht der Dame des Hauses gestört. „Was seufzest du, mein Kind?" fragte Madame Habicht und schob die große Brille bis auf die schwungvoll herabgebogene Nasenspitze, um besser darüber wegsehen zu können.

Stina erschrak, wurde leichenblaß, dann blutroth und war nicht mehr Herrin ihrer Gefühle, die sich in ein paar großen Thränen Luft machten.

Darüber erschrak wieder Madame: „Was ist dir? Bist du unwohl? Wo ist Käthchen?"

Ha! dieß eine Wort war zuviel, sonst hätte Käthchen sich wohl noch beherrscht; aber jetzt brachen sich die Gefühle des Schmerzes Bahn und unter lautem Schluchzen rief sie: „Das ist es ja eben, daß sie so lange fortbleibt!"

Nun kriegte Madame das Zittern, denn gewiß war ein Malheur beim Bügeln der schönen Brüsseler Spitzen passirt oder sonst ein entsetzliches Unglück. „Jesus, Maria, Joseph!" Sie stürmte hinaus, ehe Stina es verhindern konnte und sprang in allen Zimmern herum, in denen Käthchen möglicherweise angetroffen werden konnte, aber alle, selbst die Mansarde, in welcher die Betten beider Mädchen standen, waren leer.

Nun war das Latein der frommen Dame zu Ende wie ihre Stunde der Andacht; vorläufig blieb ihr nur der eine Trost: der eiserne Ofen war eiskalt, die Spitzen also außer Gefahr. Nur Käthchen?! —

Es ist neun Uhr Abends, und ein altes Haus= gesetz besagt, daß Niemand im Winter nach sieben Uhr, im Sommer nach acht Uhr außerhalb des Hauses sein darf — und nun schon Neune!

Gedankenvoll tritt Madame an das Mansarde=
fenster und — glaubt in Ohnmacht sinken zu müssen,
da sie in der, dicht vor sich befindenden Rosenlaube,
nicht allein Käthchen, sondern auch ein „Manns=
bild“ entdeckt und wie entdeckt! —

Hui! einen Augenblick schüttelte sie sich wie im
Fieberfrost, dann schlägt sie das Zeichen des Kreuzes
und spricht ein kurzes Gebet, um sich zu stärken.
Dann aber richtet sie sich entschlossen hoch auf,
schreitet festen Schrittes, mit furchtbar ernstem Blick
und drohend verlängerter Nasenspitze, die Treppe
hinunter, der Hausthür zu, dreht im Vorbeigehen
den Schlüssel um der Stubenthüre, hinter welcher
sich Stina lauschend befindet.

Wie ein Deus ex machina tritt die Gebieterin
als strafende Göttin aus der Hausthür, die richtig
nur angelehnt ist, während sie ab acht Uhr zwei=
mal herum abgeschlossen sein soll — so gebietet es
das Hausgesetz.

Unser Kamerad und Käthchen hatten es gar
nicht so eilig mit der Befreiung der, schon mehr
innig als sanft verschlungenen Arme. Denn wer
anders, als Stina allein, konnte kommen und er=
wartet werden, wurde aber weder gehört noch er=
wartet. Die Beiden waren sich ja selber genug,
um dem tief gefühlten Bedürfniß Genüge zu leisten.

Wie ein Donnerwort ertönte es daher in den

Ohren der beiden Liebenden: „Käthchen, was treibst du da!? Unwürdige! die du mein Haus verunreinigst, begib dich augenblicklich auf dein Zimmer! — Und Sie, mein Herr?" — Verhängnißvolle Pause. —

Käthchen war aufgesprungen, schlug gebeugten Hauptes mit dem Pätschchen rechts und links an die Falten ihres Kattunkleides und entschlüpfte geräuschlos wie ein Kätzchen.

Kapitän H. dagegen erhob sich in aller Ruhe und mit allem Anstand eines Weltmannes, der in einem Salon die Dame des Hauses zu begrüßen hat. Verbindlich nach vorn geneigt, mit lächelndem Antlitz und graziös gehobener Kopfbedeckung, stand er vor seinem Donnergotte, der ihn eben mit „und Sie, mein Herr!" haranguirt hatte.

„A Madame! Je suis bien charmé d'avoir —"

„Ich glaube, mein Herr, wir haben deutsch darüber zu reden, daß Sie es wagten. —"

„O, kann ick Ihnen sagen, Madame, auf deuts: daß ick unaussprecklik glücklik bin d'avoir l'honneur de Vous —"

„Mein Herr Franzos! Es ist eine unerlaubte Kühnheit von Ihnen, mich durch Ihre noch unerlaubtere Gegenwart hier zu beleidigen und mich vor der Welt zu compromittiren. Verlassen Sie augenblicklich diesen Garten!"

„O! sans doute, Madame! Jhre Gegenwart hat nix charme, nix Anziehendes vor mich — j'ai l'honneur de Vous saluer, bon soir, Madame!" — Futsch! — weg war er, und Madame hatte nur noch Gelegenheit gehabt zu bemerken, daß der dießmal ohne französischen Abschied, sich empfehlende Franzos aus den ersten Jugendjahren heraus war; denn zwischen dem Aufheben und Niederlassen der Kopfbedeckung desselben hatte sich ein Lichtwechsel gezeigt, wie wenn das erste Viertel des Mondes mit seinem Silberscheine durch die Wolken dringt und dann wieder von ihnen verhüllt wird.

Ziehen wir mitleidsvoll einen dichten Schleier um die Scene, welche sich hierauf in dem sonst so friedlichen Hause abspielte, nachdem die Haus= thür vorschriftsmäßig zweimal herum abgeschlossen war. — Wer vermöchte ungerührt alle die Thränen sammeln, die an diesem Abend, bis noch spät in die Nacht hinein floßen! — Da fluteten die Thränen des Schmerzes aus den Augen der frommen Ge= bieterin, deren Heiligthum durch die Gottlosigkeit der Dienerinnen entweiht und durch ein fremdes Mannsbild entheiligt war; da floßen dieselben Thränen des armen Käthchen um ein verlorenes Paradies und ein verlorenes Himmelreich, wie ihr aus passenden und unpassenden Bibelstellen von der Gebieterin dargelegt wurde. Nach ihrer eigenen

Ueberzeugnng würde künftig zwar kein Engel Gabriel mit flammendem Schwerte das verlorene Paradies hüten, sicher aber die Gebieterin, mit flammenden Augen und scharfgespitzter Habichtsnase, die Rosen= laube nicht aus den Augen lassen — und diese war kein Engel; da floßen endlich die Thränen der Reue aus den heuchlerischen Augen der Stina, welche ihre arme Genossin in die Patsche gebracht, Thränen der Reue über ihre Sündhaftigkeit, über welche ihr plötzlich durch die Ermahnungen und Bibel= stellen der Gebieterin ein Licht aufgegangen war. Der schöne Mann liebte ja Käthchen. Ach wieviel war da zu betrauern, zu bereuen, zu beweinen!

„Uns verschaffte diese Abendscene," fuhr der General fort, „das Vergnügen mit Kapitän H. noch spät eine Cigarre bei einem Glase Wein zu rauchen, wobei uns allerdings auffiel, daß unser belgischer Kamerad merkwürdig still und nachdenklich war. Auf die Sticheleden von der einen oder anderen Seite: „ob etwa die spanische Rente gefallen, oder das Schätzchen ungetreu geworden sei?" antwortete er lachend: „Hab ich gehabt ein kleines Aventüre mit ein altes Drache!" — Mehr aber war aus ihm nicht herauszubringen, und wir trennten uns, nachdem die Schoppen wie die Cigarren=Etuis an= fingen eine unerquickliche Leere zu zeigen, was stets langweilig ist und zum Gutenachtsagen allein animirt.

Am folgenden Tage sahen wir Franz und
Friedrich viel mit einander tuscheln und lachen.
Dabei blickten sie Kapitän H. verstohlen seitwärts,
uns dagegen mit solchem Ausdruck an, daß man
ihnen anmerkte, sie hatten etwas ungemein Inter=
essantes auf dem Herzen, das sie durch Mittheilung
gern los sein wollten. Mein Franz, als er mich
allein fassen konnte, vermochte denn nicht länger
seinem Herzensdrange zu widerstehen, räusperte sich
mehrfach und hub dann an:

„Herr Lieutenant! wissen Sie schon was heut
im Dorfe passirt ist?"

„Nein," war meine Antwort. „Es ist wohl
etwas ganz schrecklich Wichtiges, denn es scheint
euch beiden schon den ganzen Tag das Herz abzu=
drücken!"

„Zu Befehl, Herr Lieutenant, aber es ist auch
zu komisch mit der Stina und dem Käthchen!"

„Wer ist Stina? — Wer ist Käthchen? —
Bleib mir mit deinem Gewäsch vom Halse! — Was
ist denn mit Stina und Käthchen? — konnte ich
doch nicht unterlassen hinzuzufügen."

„Haben heut früh um fünf Uhr nach Bonn zur
Beichte gemußt, weil die reiche Madame in der
Villa da drüben dahinter gekommen ist, daß sie
Abends — hihihi!" —

„Na was denn Abends?"

„Nu ja! — In der Rosenlaube mit dem Herrn Kapitän" —

„Behalte deine Geschichten für dich, und kümmere dich nicht um Dinge, die dich so wenig wie den Friedrich etwas angehen."

„Wollte auch nur erzählen, daß heut Mittag ein Kaplan aus Bonn gekommen ist und die ganze Villa unter vielen Gebeten ausgeräuchert und mit Weihwasser besprengt hat. Stina und Käthchen sollten aus dem Dienst, aber sie hatten versprochen, daß es das letztemal gewesen sein soll; nun dürfen sie wieder bleiben und — —"

„Na höre nur auf!" sagte ich, denn nun wußte ich gerade genug, um das Uebrige zu errathen, nöthigenfalls aus unserem Kameraden H. herauszupumpen, der später auch nicht mehr zurückhielt mit den Details, nachdem er selbst solche von Käthchen mitgetheilt erhalten — wenn auch nicht in der Rosenlaube, deren Blüthen dahinwelkten wie in Trauer über ein verfehltes Dasein.

„So meine Herren," sagte General v. W., nach seiner Uhr sehend. — „Jetzt haben Sie genügende Bekanntschaft mit dem Möbelwagen und seinem darin dinirenden Personal gemacht. Unser schöner Speisesaal von damals ist gewiß schon vom Zahne der Zeit zernagt, längst verfallen und vergessen. Seine damaligen Inhaber aber leben noch. Adjutant, füllen Sie nochmals die Gläser, da der Stoff noch nicht mangelt."

„Meine Herren! Ich ersuche Sie mit mir anzu=
stoßen: erstens auf das Wohl der abwesenden Herren, mit denen ich Sie heut bekannt gemacht habe — sie leben hoch! Dann aber wollen wir anstoßen auf ein siegreiches Gefecht bei Stockstadt, dem wir morgen entgegen gehen. Hurrah! Und endlich auf ein gesundes Wiederbeisammensein — Gott weiß wo? Im Himmelreich, hoffe ich, wird es noch nicht sein; dann aber will ich Ihnen zum Dank für die große Aufmerksamkeit, welche Sie meiner Erzählung schenkten, noch andere inter=
essante Begebenheiten aus dem Leben eines Trigono=
meters vortragen. Also: auf ein frohes Wieder=
sehen!"

Die Gläser klangen so lustig, wie es bei solchen Gelegenheiten ganz besonders der Fall zu sein pflegt. Mit kräftigen Zügen wurden solche bis auf die Nagelprobe geleert, und dabei kaum bemerkt, daß sich die Salonthür öffnete und der Kellner einen Herrn im schwarzen Civilrock mit dem rothen Bande des belgischen Leopoldordens im Knopfloch, einem schwarzweißen daneben, mit den Worten einließ:

„Da oben sitzen der Herr General!"

Dieser schaute hierbei, sein Glas niedersetzend auf und rief:

„Ei seht doch! lupus in fabula! — Wenn man vom Wolf spricht, ist er nicht weit! Meine Herren: unser Eisenbahnmann! Wären Sie einen Augenblick früher gekommen, so hätten Sie es mit ansehen können, daß wir auch Ihr Wohl tranken, indem wir die Gesellschaft im Möbelwagen leben ließen."

„Sehr gütig, Herr General; ich danke Ihnen!"

„Ja, dazu haben Sie auch alle Ursache, denn wenn ich mich nicht als Urheber der Autographie bekannt hätte, die Sie uns heut früh schickten, so wären Sie in eine schöne Patsche gerathen, denn mein Stabschef wollte Sie unbekannterweise mindestens aufhängen, spießen und braten lassen."

„Aber nun sagen Sie mir, was verschafft mir noch so spät am Abend das Vergnügen, Sie hier zu sehen?"

„Ach, Herr General! — Fatale Geschichte. — Ich komme so eben aus dem Familienrathe eines der ersten Patricierhäuser hier wegen der fünfundzwanzig Millionen Kriegscontribution —"

„Hahaha! Nicht übel! Bringen Sie die fünfundzwanzig Millionen vielleicht schon mit?

„Ja wohl, Herr General! Hier, in meiner linken Hosentasche. — Nein, man ist in der fürchterlichsten Bestürzung; man spricht von Ruinirtsein, von Auswanderung nach England u. dergl., wenn weder Nachsicht noch Nachlaß erwartet werden kann.

Ich wollte Sie als Stadtcommandant von der Sachlage unterrichten und anfragen, ob es nicht durch Ihre Verwendung zu ermöglichen sei, daß dreißig Kreuzer oder so etwas abgingen?"

„Nich ein Froschen!"

„Ich dachte es mir wohl. — Gute Nacht, meine Herren!"

VII.

Allotria aus dem Leben der Topographen.

Das Spiel der Topographen, „hinter den Coulissen," welchem dieser Abschnitt gewidmet ist, konnte eigentlich keinen würdigeren Anfang in seiner Beschreibung finden, als daß wir die Erzählung vom Beginn des Unterrichts in der Topographie durch den biederen K. hier vortrügen. Da dieß aber schon im ersten Abschnitt geschehen, so begnügen wir uns damit, auf denselben zu verweisen.

Bedauern müssen wir dagegen, daß die Geschichtchen, welche sich bei den Aufnahmen nach Quadratmeilen, die auf den „Meridian und Perpendikel von Berlin" berechnet waren, in so reichem Maße entwickelt haben sollen, nicht vollständig oder verbürgt genug, durch Tradition überliefert worden sind, um sie nacherzählen zu können.

Die Topographie hatte theilweis noch die Kinderschuhe an, die sie in den märkischen Sandebenen austreten lernte.

Hatte der Topograph mit mehr oder weniger
Mühe und Sorgfalt die Triangulation auf dem
Meßtische durch Benutzung der ihm gegebenen trigonometrischen Anknüpfungspunkte vollendet, so ging
die Jagd los nach Forst- und Flurkarten der Feld-
marken. Etwas davon war fast überall vorhanden
und es dauerte daher nicht lange, bis der Topograph
mit einem reichen Schatze von geometrischen Plänen
umgeben war, deren Urheber vielleicht schon ein
halbes, wenn nicht ein ganzes Jahrhundert im
Schooße der kühlen Erde ruhte, die von ihnen in
der schauderhaftesten Weise carikirt worden war.
Mindestens schien es dem armen Topographen so,
der sich stundenlang vergeblich abmühte, den großen
Titel der Karte mit dem was auf derselben verzeichnet war und dem was die Wirklichkeit jetzt
seinem Auge darbot, in Einklang zu bringen.

Glücklich! Wem das gütige Geschick gute und
neuere Karten in die Hände spielte. Noch glücklicher,
wer dieselben ordentlich zu benutzen verstand!

Aber da lag der Hase im Pfeffer! Denn es
gehört eine ziemliche Routine dazu, dergleichen
Material durch richtige Reduction zu verwerthen,
namentlich durch gründliche Revision der so gewonnenen Situationslinien sie zu verbessern.

Daß diese Routine allen Neulingen zu Anfang
der Arbeit fehlt, später aber auch noch vielen

Anderen gänzlich abging, ist selbstredend, und es entstanden daher mitunter Bilder über welche der Vermessungsdirigent seine wahrhaft kindliche Freude haben konnte. Wir können es nicht als Thatsache verbürgen, aber vorgekommen soll es wirklich sein, daß ein im dreißigjährigen Kriege völlig vernichtetes Dörflein urplötzlich wieder das Tageslicht erblickte und in den frischesten Farben dem Dirigenten vom Papiere aus entgegen lächelte. Daß es derselbe draußen nicht finden konnte, war seine — nicht des Topographen Sache, der ja seinen Burschen, einen sehr gelehrigen Kerl, mit der genauesten Instruction zur Revision seiner Reductionen hinaus= gejagt hatte.

Wer nun recht glücklich im Aufstöbern und Benutzen der Feld= und Forstkarten war, der schuf schnell eine Quadratmeile=Aufnahme, wenn das Terrain offen und eben war. Es entstand daher ein rühmlicher Wettstreit darüber, wer die meisten Quadratmeilen bis zum Schluß der Saison zu Papier brachte. Pferde und Fuhrwerke der Guts= besitzer wurden dabei nicht geschont.

Man nannte dieß „militärische Aufnahmen." Oberst v. Deßfeldt freilich sagte mit piepiger Stimme beißend dazu: „Was heißt militärisch aufnehmen? — schlecht aufnehmen heißt es!"

Später trat das „militärische Aufnehmen" in

ein neues, höheres Stadium. — Die in Westphalen
und der Rheinprovinz bereits vorhandenen neuen
Kataster-Aufnahmen gaben die Veranlassung dazu.
Die Topographen bekamen schon in Bleistift fertig
hergestellte Reductionen der Kataster-Karte in ihren
Aufnahme-Sectionen in die Hände, und es verblieb
ihnen nur die genaue Revision aller Situationslinien. Dahingegen mußte der größte Fleiß auf
die Darstellung der Unebenheiten der Erdfläche verwendet werden. Es geschah dieß durch Aufnahme
und Construction von Horizontalen mit fünfzig
Fuß Höhenabstand von einander und den benöthigten
Zwischen-Horizontalen in beliebiger Anzahl.

Das hat Manchem Kopfzerbrechen und große
Mühe gemacht. Oesfeldts geflügeltes Wort wurde
dabei so ziemlich zu Grabe getragen, aber auch die
Gemüthlichkeit im Topographenleben; denn von angenehmen Einquartierungen bei Gutsbesitzern war
in diesen westlichen Provinzen wenig die Rede. Das
Gasthaus war verabredetermaßen das Asyl, in
welches der Officier bei Präsentation seiner „offenen
Ordre" verwiesen wurde. Da hieß es denn flott
bezahlen. Zwar figurirte kein „Logis" auf der
Rechnung, wohl aber war es mit verrechnet.

Der Premierlieutenant v. S., damals im Kaiser
Alexander-Grenadier-Regiment, glaube ich, später
im Großen Generalstabe, widmete seinen topographi-

schen Kameraden und Leidensgefährten in West=
phalen die nachfolgenden launigen Verse unter dem
Titel:

Topographen-Qual und -Glück.

Was ist Topographen=Qual?
Hecken, Wälder, Berg und Thal,
Schlechtes Wetter, Sonnenschein,
Theure Zech' und saurer Wein,
Pumpernickel, Pannekuchen,
Nächtelanges Flöhesuchen,
Hunde mit App'tit auf Waden,
Nirgends selbst zu Gast geladen,
Harte Bleistift, naß Papier,
Felder dort und Haiden hier.
Und dabei Horizontalen,
Die man sehr genau soll malen;
Langeweil' und nirgends Spaß
Und ich weiß nicht Alles was!
Dann das Zeichnen gar im Winter,
Als Erholung kommt's dahinter.
Zum Beschluß noch Kriegsgeschicht'!
— Topograph, ein armer Wicht!

Früh um fünfe bricht man auf,
Endigt mit der Sonne Lauf;
Butterbrod und Heidelbeeren
Müssen allen Hunger wehren.
Fertig muß ein ganz Quadrat,
Zeigt die Sonne noch so spat.

Dafür läuft man unverdrossen
Mit dem Burschen als Genossen
Ueber Berge ohne Zahl —
Das ist Topographen-Qual!

Hier sind zu notiren Stege,
Abzuschreiten dort viel Wege,
Häuser alle neugebaut,
Hohlweg' wie noch nie geschaut!
Während ich im Sumpfe stecke,
Bricht mein Jean durch jene Hecke:
„Jean, du zählst doch immer fleißig?"
„Ja, Herr Lieut'nant, hundert dreißig
Doppelschritte bis hierher!"
(Wollt, daß ich beim Kukuk wär'.)
„Gut, Jean, doch nur immer heiter,
„Zähl' noch tausend Schritte weiter
Bis zu jener Kohlenhalde
Rechts von jenem dunklen Walde."

Und so geht es alle Tage,
Jeden Tag dieselbe Plage!
Immer schlechter wird das Wetter,
Jean wird täglich fauler, fetter;
Ehe man es sich versah,
Sind auch schon die Herbststürm' da.
„Herr des Himmels! Wie soll's enden?
Muß doch die Section vollenden!"

Mit forcirter Seelenruh
Ueber schneebedecktes Feld
Läuft mit Pelz und Ueberschuh

Blau vor Frost zuletzt der Held —
Eilt dem Schluß der Arbeit zu.
— Topograph, ein armer Wicht!
Topograph macht dieß Gedicht.

Wenn der geehrte Leser nach diesen Versen noch
nicht gerührt genug sein sollte durch das geschilderte
Schicksal eines armen Wichts von Topographen, so
würden die Illustrationen dazu ein Uebriges thun.
Leider müssen wir es uns auch hier versagen, die=
selben zum Abdruck zu bringen, was uns um so
schmerzlicher ist, als die Bilder künstlerisch schön
gelungen sind. — Läge die Mappe geöffnet vor uns,
so würden wir bitten, nur eines nicht zu übersehen.
— Des Sängers Höflichkeit hatte es uns ver=
schwiegen, doch ist es durch uns mit zur bildlichen
Darstellung gelangt, was wir als den „Traum des
Topographen" bezeichnen möchten.

Es ist wahr, daß der arme Topograph viel
Mühe und Qual hat, wovon sich ein jeder über=
zeugen kann, der dessen Thun und Treiben nur einige
Tage lang mit Aufmerksamkeit verfolgt. Vielleicht
gelingt es aber auch dabei schon, hier und da eine
Kleinigkeit zu entdecken, die man ohne Bedenken
als „entschädigendes Amusement" registriren würde.
Dergleichen hängt man nicht an die große Glocke!

Doch hierauf bezieht sich nicht unsere Andeutung
vom Verschweigen des Sängers. Seine Träume

mögen ihm wohl manchmal süße Bilder vor die
Seele zaubern, aber eines werden sie dennoch nicht
daraus verdrängen, denn es schwebt ihm wachend
und träumend stets vor den offenen oder geschlos-
senen Augen.

Ermüdet von saurer Arbeit mit ihren Disteln
und Dornen, kündigt er seinem Jean den Beginn
der Siesta an, wogegen Jean nicht das Geringste
einzuwenden hat. Er öffnet seinen Ranzen, um
seinen Lieutenant und sich, eigentlich mehr noch um
sich und seinen Lieutenant nach Möglichkeit zu stärken,
dann aber suchen beide ein schattiges Plätzchen.

Beide schlummern bald süß, doch scheint selbst
der Schlaf Jeans ein schwer Stück Arbeit zu sein,
da er sich so geräuschvoll wie eine Sägemühle voll-
zieht. Aber könnten wir ihm ins ehrlich dumme
Gesicht schauen, das von der Mütze bedeckt ist, wir
würden errathen, daß seine Traumbilder der schönen
Vergangenheit angehören. In gemüthlich dickem
Tabaksqualm und dem Staub einer Dorfschenke,
welche ein paar Talglichter matt erleuchten, schwenkt
er seine Dirne und selbst in Schlaf zuckt ein Bein
mit schwerem Commißstiefel zu einem kühnen Polka-
Pas. Der Juchzer dazu erstickt glücklicherweise unter
der Mütze — sein Lieutenant wurde nicht dadurch
geweckt. Dieser lächelt im Traume, denn die ver-
lockenden Bilder, welche ihm schon, noch halb wachend,

vorschwebten, werden seinem Auge auch im Schlaf
noch weiter vorgeführt. Sie gehören nicht, wie bei
Jean, der Vergangenheit, sondern der Zukunft an.
Da sieht er zwar auch seine topographischen Mühen
und Sorgen, aber mit jeder Minute treten sie weiter
in den Hintergrund zurück. Er hofft mit seinen
Arbeiten, trotz aller Hindernisse, den „Vogel abzu=
schießen." Dieser Vogel aber schwebt im Traum
zu ihm hernieder und sein Schnabel trägt das Ziel
seines Sehnens, seines Hoffens, den Lohn seiner
Mühe und Arbeit, den carmoisinrothen Kragen mit
der Silberstickerei der Generastabs=Uniform!

Bei dem Anblick eines Generalstabskragens schlägt
das Herz eines jeden Topographen höher, selbst im
Traume. Seine Hand hebt sich, um nach dem süßen
Bilde zu greifen, denn im Traum vergißt er, daß
zwar Viele berufen, Wenige aber auserwählt werden,
daß das verlockende Bild ein Zauberbild, eine Art
fata morgana für Viele ist, die es zwar schauen
und mit Sehnsucht betrachten, aber es nie erreichen.

Die erhobene Hand fällt schwer und enttäuscht
nieder. Nur ein Traum, ein seliger! Vorbei! Er
springt auf.

> Jean! Du schläfst fürwahr zu lange!
> Auf zur Arbeit! — Mir wird bange;
> Andre schaffen mehr als ich — —
> Jean! — Das wäre fürchterlich!!

Ja, ja! — Die leidige Concurrenz! Ueberall tritt sie den menschlichen Bestrebungen entgegen und treibt zu unmenschlichen Anstrengungen. Selbst der im Verborgene wirkende Topograph kann sich derselben nicht entziehen.

Da war es doch besser zu des seligen Tranchot Zeiten, wo ein jeder Lieutenant des Ingenieur-Geographen-Corps niemals mehr als eine Section im Zeitraum von neun Monaten zu liefern hatte, nicht mehr liefern durfte; man gab wohl mehr noch auf Qualität als auf Quantität der Arbeit, mit der nicht um das Avancement gekämpft wurde, wie bei uns, wo in fünf bis sechs Monaten Feldarbeit mindestens zwei Sectionen von gleicher Ausdehnung erwartet, oft aber drei und mehr geliefert werden.

Die eine der Illustrationen in unserer verschlossenen Mappe vergegenwärtigt uns die traurige Lage eines Topographen, der entweder seine Siesta oft zu lang bemessen oder den das Schicksal mit besonders schwierigem Terrain in seiner Section bedacht hatte. Schaudernd wenden wir uns ab, denn uns friert wie den armen unschuldigen Jean, trotz seiner großen Fausthandschuhe.

Alle Leiden des Lebens nehmen ein Ende! Auch für den armen Topographen dauert selbst der dritte Sommer nicht ewig. Er ist nicht allein bereits vorüber, sondern auch der letzte Feder- und Pinselstrich hat sich im behaglich warmen Zimmer, daher ohne Fausthandschuh vollzogen. Nur die letzte Examinationsarbeit soll morgen vom Stapel gelassen werden.

Daher das eifrige Studium des Lieutenants voller Hoffnung und banger Zuversicht. Noch einmal der selige Traum vom Generalstabskragen!

Möge er sich verwirklichen!

VIII.

Nach dreißig Jahren.

Erinnerungen aus dem Leben eines Topographen.

(Nach seinem Tagebuche.)

Von einer Reise nach England zurückkehrend, wohin mich „Her Majestys“ Kriegsministerium berufen hatte, um zum zweitenmale dienstlich feststellen zu lassen, daß meine Knochen zwar im englischen Dienste Schaden gelitten, dieß im Uebrigen nichts schade — soweit es die königliche Pensionskasse betrifft, befand ich mich im Eisenbahnzuge von Köln nach Siegen.

Von Natur mehr zum Schweigen wie zum Schwatzen hinneigend, saß ich still in meiner Coupé-Ecke und führte meine Gedanken noch in England spazieren, während mein körperliches Ich durch die schöne Rheinprovinz dahingefahren wurde.

Mein Auge ruhte auf den Bergen, Klüften und Thälern ohne besonderes Interesse, doch wurde ich

aufmerksamer, als manches mir doch gar zu bekannt
vorkam.

Richtig! Da ist ja die große Buche, unter welcher
ich einmal ein Mittagsschläfchen gehalten. Da ist
der Steg über das Bächlein, in welchem sich Abends
schöne Mädchen zu baden pflegten. Zwar beginnt
schon die Dämmerung, aber ich erkenne deutlich,
daß ich über das Terrain hinfliege, welches ich vor
etwa dreißig Jahren als Topograph aufnahm. Ich
stecke den Kopf zum Fenster hinaus — richtig! Da
liegt das alte Siegburg, in welchem eben die Fenster
durch das Licht in den Zimmern erleuchtet werden
und da ist die Stelle des Kirchthurmes, auf dem
ich im Jahre 1847 als Trigonometer gearbeitet und
einen Webermeister in die Geheimnisse der Helio-
tropie eingeweiht habe; da ist die Stelle, von der
ich hinunter sah in den Zwinger der Rasenden,
deren einer den ganzen Tag die lateinischen Meß-
gesänge über die Mauer schrie, während nicht weit
davon ein schönes Mädchen hinter den Eisengittern
ihrer Klause liebliche, aber mir recht traurig klingende
Lieder eben so unaufhörlich zu mir hinauf trillerte.

„Station Hennef! Fünf Minuten Aufenthalt!"

Dieß Donnerwort des Schaffners weckte mich
aus meinem Schauen und Sinnen.

„He! Gendarm! Sie können mir wohl nicht
sagen, ob ein Rittmeister St. der hier vor dreißig

Jahren Bürgermeister war, noch am Leben und wo er zu finden ist?"

„Damit kann ich dienen, mein Herr!" antwortete der Gendarm und legte dabei höflich die Hand an den Helmschirm. „Unser Herr Bürgermeister lebt, Gott sei Dank, noch, ist noch im alten Amte und hier der Herr Sohn!" Dabei zeigte er auf einen hübschen jungen Mann, der neben ihm stand.

„Sie kennen meinen Papa?"

„Gewiß! mein Herr Str., den ich hiemit als Sohn meines alten Freundes, den ich vor dreißig Jahren hier kennen lernte und sehr lieb gewann, freundlichst begrüße. Bitte, führen Sie mich zum Herrn Bürgermeister, denn ich kann unmöglich vorüberreisen, ohne dem alten Herrn herzlich die Hand geschüttelt zu haben. — Ich bleibe diese Nacht hier. Mein Gepäck mag weiter reisen."

„Da kommt mein Papa schon!" sagte der junge Herr, nachdem ich mit der Reisetasche an der Hand das Coupé verlassen hatte.

Nur wenige Secunden noch, und wir standen uns, einander musternd, Hand in Hand gegenüber. Ich konnte mich bei dem Halbdunkel des beginnenden Abends nicht sogleich ganz wieder hineinfinden in die lieben, treuen Gesichtszüge, die an früherer Frische und Glätte natürlich eingebüßt hatten und nicht mehr wie ehemals mit üppigem, schwarzen

Haare umrahmt waren, sondern mit dem Silber=
kranz eines siebzigjährigen Greises. Mich erkannte
der noch jugendlich aufgerichtete Alte zuerst gar
nicht. Wahrscheinlich bemerkte auch er an mir eine
Weißheit des Kopfes, die er ebensowenig im Ge=
dächtnisse registrirt hatte und haben konnte, wie
die Krähenfüße an den Augen und Schläfen. „Be=
sondere Kennzeichen fehlen!" las man, trotz der
Abenddämmerung, im Blick des routinirten, prüfen=
den Polizeihauptes. Doch bald fanden wir uns
wieder in einander, wozu namentlich der unver=
änderte Klang der Stimme und unsere alte rheinische
und märkische Redeweise nicht wenig beitrugen.

„Wie freue ich mich, mein lieber, alter Kamerad,
Sie nicht allein so frisch und munter, sondern
auch noch im alten Amte angetroffen zu haben,"
äußerte ich, indem ich, Arm in Arm mit dem Freunde,
dem Gasthause zuwanderte, in welchem wir den
Abend in heiteren Erinnerungen wie ehemals beim
Glase Wein zubringen wollten. Der Sohn und
andere uns begegnende Freunde und Bekannte des
Bürgermeisters schloßen sich uns an.

„Nun, Alterchen, erzählen Sie mir vor allen
Dingen: lebt noch der schwarze Ochse von Kalber=
broel? und was macht seine hübsche Frau?"

Mit scharfem Ruck riß mich Kamerad Str. bei
Seite und raunte mir zu: „Vorsichtig Freund! —

der Alte ist längst todt und seine hübsche Wittwe ist jetzt Baronin F.; Sie können sie morgen besuchen, aber heut vergessen Sie nicht, daß Baron F. hier vor uns geht."

„Der freundliche alte Herr, mit dem Sie mich vorhin bekannt machten?"

„Ganz recht! Bemerkten Sie nicht sein bedeutungsvolles Lächeln, als ich es besonders betonte: „Der Herr Major hat vor dreißig Jahren als Lieutenant die Gegend hier aufgenommen!"

„Na, was tuschelt Ihr dahinten mit einander?" sagte Baron F., sich lächelnd zu uns wendend. „Da hat der Str. wohl wieder seine alte Geschichte beim Kragen. Kann sie nun so ziemlich auswendig; möchte sie aber doch noch einmal aus Ihrem Munde hören, Herr Major, und die Anderen werden sie auch noch einmal verdauen können. Dabei werden wir den Bürgermeister controliren, ob er etwa geflunkert hat."

Unterdeß waren wir in das Gastzimmer getreten. — Alte bekannte Räume, alte Erinnerungen!

„Bürgermeisterchen, sehen Sie! In diesen Winkel am Fenster stellte ich vor dreißig Jahren meinen Degen. Hier ist der Fensterknopf, an welchen ich vor dreißig Jahren meine Generalstabsmütze und darin die Handschuhe hing, dieselben Handschuhe, welche Ihnen den rothen Adlerorden einbrachten."

„Was hat denn das zu bedeuten?" fragten mehrere Herren, „davon wissen wir ja gar nichts!"

„Das glaube ich wohl, meine Herrn. Er wird sich hüten das auszuplaudern, aber Sie sehen doch, daß er ihn trägt," bemerkte ein Anderer.

„Aber nicht seit dreißig Jahren, wo ich schon den rothen Adlerorden dritter Classe mit der Schleife erhielt, während gleichzeitig ein armer Lieutenant beinahe cassirt worden wäre — hahaha!" erwiederte der Bürgermeister. „Na, Herr Major, es bleibt Ihnen nichts weiter übrig als die Geschichte selbst zu erzählen, da sie nur wenigen von meinen Freunden bekannt ist."

Wir hatten uns unterdeß gemüthlich um die lange Tafel gesetzt, welche ein recht einladendes Aussehen, durch die so symmetrisch aufgepflanzten Fläschchen und „Specialche", erlangt hatte, so daß wir dem Winke des Schicksals willig folgten, die Gläser klingen und uns „leben ließen," was ja eine gebietende Nothwendigkeit war, wenn ich dem allgemeinen Verlangen folgen und meine Geschichte vortragen, die Anderen sie hören sollten. „Leben und Leben lassen" ist ein zu beherzigendes Sprich= wort, wenn man hinter gefüllten Gläsern sitzt.

„Meine Herren! Ich weiß nicht wie ich meine Geschichte beginnen soll? Es ist zwar kein Märchen, sondern reine Wahrheit was ich erzähle — die hiesige Polizei muß es constatiren — aber dennoch bediene ich mich des nicht mehr ganz ungewöhnlichen Anfanges: „Es war einmal ein Mann!" und dieser Mann trug einen Rock, und dieser Rock war von so unbestimmter Farbe wie der „heilige Rock" in Trier, der zu jener Zeit einmal wieder Alles in Aufregung versetzte. Man nannte den Mann, welcher diesen Rock trug und die Umgegend unsicher machte, weil ihn die Polizei nicht arretiren durfte: „der Mann mit dem heiligen Rock."

Dieser Mann mit dem heiligen Rock war nun Niemand anders — als ich! Die Sache hängt nämlich so zusammen.

Die Gnade Sr. Majestät des Königs hatte mich „zu wissenschaftlichen Zwecken" auf drei Monate nach Frankreich beurlaubt. Ob damit auch nach den französischen Colonien, das sagte mir Niemand weil ich Niemanden fragte. Und ich fragte Nie=manden, weil ich dachte: „erst einmal zusehen, wie weit die Groschen, d. h. die ersparten Napoleons, reichen."

Daß ich mit den meinigen nicht auslangen würde, um über den Ocean z. B. nach Martinique in Westindien zu reisen, war mir von vorn herein klar. Aber mit Hülfe der „Wahrscheinlichkeits=rechnung nach der Theorie der kleinsten Quadrate," die mir als Mitglied der trigonometrischen Ab=

theilung des großen Generalstabes geläufig war, brachte ich nach einem dreiwöchentlichen Aufenthalte in Paris, als ich „Cassa machte" glücklich heraus, daß so ein Stückchen Spanien, Mittelmeer und Afrika nach dem Besuche von Südfrankreich doch noch entfallen könnte.

„Fern im Süd das schöne Spanien!" war stets mein Lieblingslied und die Pyrenäen liebte ich auch „unbekannter Weise." Was scherte es mich also, daß man in Paris meine Bitte, den Paß mir nach Spanien zu visiren, für sehr naiv hielt und mir sagte: „J, Männeken, der lautet ja nach Frankreich und da sind Sie ja schon mitten drin!"

„Und sie dreht sich doch! Ich wollte sagen und ich gehe doch nach Spanien!" Bringen sie mich mit Gendarmen wieder zurück über die Grenze — nun, das ist dem General v. D. vor Kurzem auch passirt und er ist nicht daran gestorben — wird ein simpler Lieutenant auch nicht daran sterben! — so dachte ich.

Aber besser ist besser! d. h. immer hübsch auf legalem Boden geblieben! Das ist erste Lebensregel für einen Diener und Lieutenant des Königs. Daher sah ich mir in Perpignan, der letzten Stadt, die ich auf meiner Tour durch den jardin de France, dem Süden Frankreichs berührte, meine vielgeliebten Pyrenäen erst von fern an und dachte: besser ist besser! d. h. besser der spanische Consul in Perpignan macht einen Bummel, als der königl. preußische Lieutenant. Ich ging daher sans façon zu ihm und erbat nicht, sondern verlangte kategorisch sein Visa nach Barcellona.

Mein Calcul, daß der Herr Consul wohl Spaß, aber kein Deutsch verstehen würde, erwies sich wiederum als richtig und — für richtig abgezählte fünf Franken war ich für die Reise nach Spanien legitimirt, die ich sofort antrat.

Majorka gehört auch zu Spanien und ich durfte daher der schönen Hauptstadt Palma mit dem Pallast des Maurenkönigs, seinem Corso, seiner Garnison mit den allerhöflichsten Officieren, seinem Theater, Stiergefechts=Arena und — seinen schönen Damen, die Ehre meines Besuches nicht entziehen.

O, meine Herren, könnte ich bei diesem Capitel verweilen, ich thäte es gern, denn die Erinnerung an den vierzehntägigen Aufenthalt in Palma gehört zu den schönsten meines Lebens.

Aber ich wollte Ihnen nur Aufschluß geben wie ich nach Spanien und Afrika, mit anderen Worten, wie ich zu dem „heiligen Rock" kam, mit dem ich einen Monat später hier in den Rheinlanden debutirte und so zu dem Prädicat „der Mann mit dem heiligen Rock" gelangte.

Mein schöner brauner Paletot, hervorgegangen aus der Kunstwerkstatt eines berühmten Berliner

Hofschneiders, war in Paris noch mein Stolz, in Lyon noch ein respectables Stück Möbel, aber ab Marseille begann der Acclimatisationsproceß, der in Spanien und auf dem Mittelmeer in völlige Bleichsucht ausartete, der zu steuern die afrikanische Sonne durchaus nicht geeignet war. Zwar besuchte ich die Cedern-Region des kleinen Atlas, um durch Luftveränderung den Status quo ante wieder herzustellen, aber vergeblich. Meine letzte Hoffnung war die heilsame Luft der Alpen, die ich auf der Rücktour nach Europa und Deutschland bestieg, aber selbst die Eisregionen der Gletscher vermochten nur eine gewisse harmonische Ausgleichung in den verschiedenen Nuancen der schwer gekränkten Urfarbe meines braunen Paletots herzustellen, und so war der heilige Rock fertig, ohne Palästina gesehen zu haben, was ich am meisten bedauerte.

Ich war pünktlicher am 12. Juli in Köln eingetroffen, als meine von Berlin requirirten Uniformstücke und ich war glücklich, wenigstens eine Generalstabsmütze, eigentlich für einen Polizei-Commissär bestimmt (die Polizei trug damals dasselbe Roth wie der Generalstab) bei einem Militär-Effectenhändler aufzutreiben.

So mit heiligem Rock und Generalstabsmütze ausgerüstet, begann ich meine topographische Thätigkeit und bald kannte man in der Gegend vom

Siebengebirge, Bonn, Siegburg ꝛc. den Mann mit dem heiligen Rock, dem ein zweirädriger Pferde oder Ochsenkarren mit zwar winzigem Gepäck folgte, das aber werthvolle Reiseschätze enthielt, u. A. die Aufnahme der Fortifikationen von Paris, Lyon, Perpignan, Palma und Algier.

Endlich war mein Johann mit den Uniformstücken von Berlin bei mir eingetroffen und ich konnte mich nun würdiger auch bei meinen topographischen Nachbarn, dem Lieutenant Zimmermann im Westen, dem Lieutenant v. Delius im Osten, dem Lieutenant Hartmann im Norden und Lieutenant v. Hippel im Süden, sowie bei den Behörden präsentiren.

Eine der ersten dieser, war hier unser würdiger Freund, Polizei-, Bürger- und Rittmeister Str—. Der machte ein gar pfiffiges Gesicht, als er mir eine Quartieranweisung auf Waldbroel aushändigte. Ich wußte nicht weßhalb; auch nicht weßhalb das Dorf in der Gebirgsschlucht meist „Kalberbroel" genannt wurde. Wohl aber weiß ich, weßhalb ich es später stets Ochsenbroel nach meinem Wirth nannte.

Hierbei lachte Alles dem Baron F. zu, der aber ebenfalls verständnißvoll lächelte und ich fuhr daher ungenirt fort.

Es war allerdings ein böser Scherz von der

bezeichneten Einquartierungsbehörde, daß sie mich
einem Manne ins Haus warf, der außerdem schon
so schwer an der Last des Lebens trug. — Es war
ein Unglücklicher, wie es Viele gibt, und die ihr
Schicksal nie schwerer tragen als gerade dann, wenn
sich ein Officier mit einem Quartierbillet bei ihnen
meldet.

Ich werde es in meinem Leben nicht vergessen,
welche schwere Gewitterwolke sich auf die breite
Stirne des Mannes lagerte, als er sich davon
überzeugt hatte, daß das Schicksal, in Gestalt eines
Bürgermeisters auftretend, ihn dazu ausersehen
hatte, mich auf einige Tage zu beherbergen.

Sein schwarzes Auge durchbohrte mich, als ich
ihm sein Schicksal verkündete; seine Fäuste zitterten,
als ob er mich jeden Augenblick beim Kragen fassen
und mir unbegehrt den freien Genuß der Gebirgs-
und Waldluft gestatten wollte. Das Merkwürdigste
war, daß sich sein Grimm mit meiner Freundlichkeit
vermehrte, durch welche ich mir zuerst einen guten
Empfang zu sichern, dann aber den schlechten zu
bessern hoffte.

Die ganze Situation war mir vorerst nicht
klar. Einquartierung ist meist zwar eine Last —
jedoch nicht immer. Kurz zuvor noch war ich von
einer Familie B. auf das freundlichste ersucht
worden, bei derselben Quartier zu nehmen. Man

hatte mir fast gezürnt, als ich daſſelbe nothge=
drungen wieder verlegte, und man beſchenkte den
„Mann mit dem heiligen Rock“ zum Abſchiede mit
Bildniſſen, die noch heut mein Zimmer zieren.

Ja, wäre ich mit dem heiligen Rock angethan
vor den ſtreng katholiſchen Kalberbroeler getreten,
ſo hätte er dieß vielleicht als eine Profanation des
Heiligthums anſehen, mir deßwegen zürnen können.
So aber machte ich eben in Uniform und Degen
meine Antrittsviſite.

Was in aller Welt konnte denn die Urſache des
widerwilligen Empfangs ſein? War der Mann zu
arm, einen Gaſt auf einige Tage zu beherbergen? —
Gott bewahre! Alles im ſchönen Hauſe legte Zeugniß
ab von einer Behäbigkeit, die unbedingt nur auf
Wohlſtand ſchließen ließ. — War der Mann ein
Geizhals? — O nein! — Solche ausgebildete
Körperfülle findet man nicht bei den Nachfolgern
des ſeligen Harpagon. — Außerdem wußte er ja,
daß meine Börſe einer jeden, ſelbſt unverſchämten
Wirthsforderung offen ſtand.

Das Räthſel war einſtweilen nicht zu löſen,
obgleich ich Zeit zum Nachdenken erhielt, nachdem
ich zum Eintritt in ein Nebenzimmer, d. h. eigentlich
in das Putzzimmer mit einer ſo freundlichen Miene
eingeladen wurde, wie etwa ein ſteckbrieflich ver=
folgter Sünder von ſeinen Häſchern erſucht werden

könnte in ein Zimmerchen einzutreten, wo er vor=
derhand unschädlich ist. Da dieß unter der Rubrik
geschah, daß das Fremdenzimmer [noch nicht ganz
in Ordnung sei, außerdem die Mittagsstunde, d. h.
die Essenszeit der Bauern nahte, so konnte ich
nichts dagegen einwenden und überließ mich, in
pennsylvanischer Abgeschiedenheit von der mir hier
noch unbekannten Welt, meinen stillen Betrachtungen:
„Allah ist groß und [die Welt ein hübscher Thier=
garten.‟

Von dem nicht allzuweit entfernten Pfarrkirch=
dorfe tönte das Mittagsgeläute über die Berge
herüber und verkündete mir baldige Erlösung aus
meiner Haft, der mein Aufenthalt in der Putzstube
um so ähnlicher erschien, als sich die schweren Tritte
des vor der Thür auf= und abgehenden Mannes
fort und fort wie die einer Schildwache hören
ließen.

Eben wollte ich die Stubenthür öffnen, um einen
neuen Versuch zu machen mit dem Sohne der
Wildniß ein freundliches Gespräch anzuknüpfen, dem
eine dienstliche Anfrage über Boten, Wege, Cul=
turen 2c. als Einleitung dienen sollte, als diese
Thür bereits von außen geöffnet wurde und —
o Wunder, eine wirklich hübsche, junge Frau steht
mir mit so freundlichem Blick aus ihren schönen,
dunkeln Augen gegenüber, daß nicht viel fehlte

und ich hätte ein lautes Ah! der Bewunderung ausgestoßen.

Wenn sich an einem trüben, kalten Regentage die Wolken plötzlich theilen und ein heller, warmer Sonnenstrahl über die Fluren dahinstreift, so kann es das Gemüth des Menschen nicht angenehmer berühren, wie das meinige jetzt von dem Sonnenblicke der schönen Frau augenblicklich erhellt und erwärmt wurde.

„Wenn's gefällig, wird meine Frau jetzt den Tisch decken," erklang durch die Thür wie das Brüllen eines Löwen.

Diese Ansprache des jetzt noch düsteren Mannes erinnerte mich daran, daß ich schon einen Augenblick gezögert hatte, die Bahn frei zu machen, weil ich nicht gleich wußte, wen ich vor mir hatte und ob ich begrüßt werden würde oder begrüßen sollte. Die wenigen Worte des Finsterlings brachten Alles ohne Förmlichkeit ins Klare. Zurücktretend sprach ich in höflicher Weise mein Bedauern darüber aus, der schönen Wirthin wider Willen lästig sein zu müssen.

Die rosigen Lippen öffneten sich und ließen ein paar Reihen Zähne vom schönsten Elfenbein, rangirt wie Gardegrenadiere, zum Vorschein kommen.

„O, wenn Sie nur fürlieb nehmen wollen, Herr Lieutenant," war das Einzige, was ich aus diesem schönen Munde zu hören bekam, obgleich nicht zu verkennen war, daß mir noch vielmehr zu= gedacht war, hätte nicht der alte Brummbär die wohlthuende Rede durch ein „eil dich Stina," sofort abgeschnitten.

Die arme Stina schlug beschämt die langen Wimpern nieder und verschloß ihre Gefühle, denen sie keinen Ausdruck verleihen durfte, in dem hoch= wogenden Busen. Ich aber wußte jetzt, was hier im Hause die Glocke geschlagen hatte.

Das wußten aber Andere auch. Vielleicht hatten sie, in anderer Weise, ähnliche Erfahrungen gemacht und wußten sich so für die, auf Grund einer fabel= haften Eifersucht, gleich mir erlittenen Unbilden zu rächen.

Schlecht erdacht war der Racheplan gewiß nicht; denn was kann man wohl einem, von Eifersucht geplagten Besitzer einer schönen, jungen Frau, ohne Kinder und — mit Ausnahme zweier Kätzchen — ohne jede weitere Familie, für einen größeren Tort anthun, als ihm einen Lieutenant ins Quartier legen. — Was konnte ich denn aber dafür, daß dieß geschah?!

Aufrichtig muß ich gestehen, daß ich nicht übel Lust verspürte, den eifersüchtigen Othello und Haus= tyrann für seine Grobheit gehörig abzustrafen. Aber die arme Frau that mir leid, besonders als

ich bald darauf von meinem lieben Freunde Str.
da drüben, über das obwaltende Verhältniß auf=
geklärt, zugleich aber auch davon unterrichtet wurde,
daß unserem schwarzen Othello von Kalberbroel als
Gemeindebeamter die traurige Pflicht oblag, in den
nächsten Tagen einer Versteigerung beizuwohnen,
die ihn mehrere Tage vom Hause fern halten würde.

Trotz dieser sehr verführerischen Hinweisung
unseres Herrn Bürgermeisters, dem ich in kurzer
Zeit kameradschaftlich nahe getreten war, arbeitete
ich am bezeichneten Versteigerungstage außerhalb
in den Bergen und Wäldern, war aber nicht wenig
erstaunt, bei meiner Rückkehr zu erfahren, daß
Othello es dennoch nicht gewagt hatte, sich aus
dem Hause zu rühren und seine schwarzen Augen
von der Frau zu lassen. — Als ich dagegen am
anderen Tage des schlechten Wetters wegen zu
Hause bleiben mußte, drängte es ihn mir seine
Hochachtung auf meinem Zimmer darzubringen. Er
fand mich zeichnend, ließ einen neugierigen Blick
auf die Zeichnung fallen und erklärte mir dann
ganz freundschaftlich: „Dat können Sie auch wohl
wat im Wirthshuus thun!"

Hiernach dürfte es erklärlich erscheinen, daß ich
mich trotz der schönen Frau von Kalberbroel, das
ich nunmehr in Ochsenbroel umtaufte, sobald als
möglich fortmachte. Ich entschloß mich, mein

nächstes Quartier in Siegburg aufzuschlagen und war herzlich froh, als der Ochsenkarren — eigentlich war es ein Kuhkarren — unter Aufsicht meines Dieners, der auch keine frohen Tage in Waldbroel verlebt hatte, vor mir herknarrte und bald der trübe, in der Berg= und Waldschlucht versteckte Ort mit den unfreundlichen Erinnerungen daran, mir im Rücken lag.

Unterwegs besuchte ich natürlich Kamerad Str., da mich mein Weg bei ihm hier vorbeiführte.

„Hol' Euch der Kuckuk, liebster Kamerad, mit Euren Anweisungen auf schöne Weiber als Wirthin= nen, wenn sie von solchen schwarzen Ungeheuern mit glühenden Augen und dicken Fäusten bewacht werden, wie die in Ochsenbroel" war meine Anrede.

„Ach geht mir doch! Ihr habt uns den ganzen Spaß verdorben, da Ihr so schnell das Feld räumt," meinte der Herr Rittmeister und sein Amtspraktikant v. E. stimmte mit ein. „Wir hatten uns so darauf gefreut, den Bären vor Verzweiflung hinter den Bergen brüllen zu hören."

„Verschafft Euch selber das Vergnügen, junger Mann. Den Tiger, welcher sein Weibchen bewacht, soll man aber nicht reizen. Ich rathe Ihnen daher, bleiben Sie hübsch mit ihrer Nase davon, so wird es am besten sein für Sie und das arme Weib."

„Es ist wohl wahr," meinte der Rittmeister,

„und es ist nicht unwahrscheinlich, daß wir andern=
falls auf das Vergnügen verzichten müßten, das
Pärchen hier auf der Kirchmeß bekomplimentiren
zu dürfen. — A propos, Herr Lieutenant, Sie werden
doch nicht dabei fehlen? Ich lade Sie hiermit freund=
lichst dazu ein!"

„Kirmeß? — Kirmeß? — Herr, führe mich nicht
in Versuchung! — Aber ich glaube wahrhaftig, daß
ich nicht fehlen darf — also dankbarlichst acceptirt!"
antwortete ich.

„Ach noch Eins!" meinte Herr v. E., „bringen
Sie meinen Alten mit."

„Ihren Alten? — wie heißt?"

„Ja so! — den kennen Sie noch nicht, müssen
ihn aber besuchen. Ist ein alter jovialer Herr, mit
blondem Krauskopf trotz seiner Sechzig — Major
im Uhlanen=Landwehrregiment."

„Krauskopf mit sechzig Jahren? — Verehrter
Herr, fassen Sie gefälligst einmal auf Ihren Schädel
und beantworten Sie mir die Frage: ob für Sie
Aussicht vorhanden ist, mit sechzig Jahren — Gott
erhalte Sie, daß Sie es so weit bringen — noch
Krauskopf geschimpft zu werden?"

„Schon richtig! — Ich habe auch nicht das
Geheimmittel meines Alten angewandt, das er mir
leider zu spät mit dem Zusatze anvertraute: „probatum est!" — Aber laß die Anwendung desselben

nicht die da oben auf dem Michaelsberge sehen, sonst weisen sie dir bei den anderen Narren Quartier an, denn für unsere heutige Jugend paßt es nicht mehr."

Weitere Befriedigung erhielt meine Neugierde vorläufig nicht, obgleich mich diese Angelegenheit lebhaft interessirte, denn ich war mir schon durch den rosarothen Schimmer meines Scheitels eines gewissen verwandtschaftlichen Verhältnisses zu Plato bewußt.

So nahm ich denn, unter Erneuerung meines Versprechens die Kirmeß nicht zu versäumen, von den Freunden Abschied und wanderte gen Siegburg.

Meinem Johann hatte ich befohlen, mich am Stadtthor mit dem unterdeß requirirten Quartier=billet zu erwarten.

Nicht wenig war ich erstaunt, ihn schon am Fährhaus an der Sieg zu treffen und ich hätte ihn beinahe wegen seines Diensteifers belobt. Aber bald entdeckte ich die wahre Ursache seiner Dienst=beflissenheit in Gestalt eines wunderschönen Mädchens, welches hier die Fußgänger übersetzte.

Ich verstummte deßhalb und versank selber in eine stille Andacht, in der ich der Schönheit huldigte. Zu einem Mitfahrenden gewendet gab ich meinen Gefühlen einigen Ausdruck, daß so ein zartes, liebliches Kind Fahrdienst verrichten müsse.

„Ach! Sie sehen unser „schön Bärbchen von der
Sieg" gewiß zum erstenmal!"

„Gewiß! — und sicherlich nicht zum letztenmal."

„Aha! — so lösen Sie ja selber das Räthsel.
Seit Bärbchen zur Jungfrau so schön aufgeblüht,
ist die Frequenz auf der Fähre bedeutend gestiegen.
Mehr aber noch der Besuch des Fährhauses drüben,
wo Bärbchen die liebenswürdige Wirthin macht.
Mit einem „Specialche" wird der Versuch unter=
nommen, die Fähre der Unterhaltung flott zu
machen. Aus dem Specialche wird ein Schöppchen,
aus dem Schöppchen ein Fläschchen und Mancher
vergißt darüber, daß das Ziel seiner Reise ein
anderes als das Fährhaus war. So fühlte sich
ein Jeder hier recht wohl, besonders Bärbchens
Papa, wie diese selbst, welche nicht zu befürchten
hat als alte Jungfer in der Fähre sitzen bleiben
zu müssen.

Unter diesem Geplauder hatten wir das andere
Ufer erreicht, wo das Fährschiffchen mit gewaltigem
Geräusch auf das Steingeröll des Siegbettes auf=
lief und dem freundlichen Bärbchen alsdann der
Lohn ihrer Bemühung in die saubere weiße Schürze
fiel, wobei sich zeigte, daß hier die obrigkeitliche
Feststellung einer Taxe rein illusorisch war.

„Wie steht's mit dem Quartier, Johann?"

„Vortrefflich, Herr Lieutenant!"

„Wie heißt unser Wirth und was ist er?"

„Gastwirth zur Stadt Köln."

„So?! — Hole der Geier die Rheinischen Quartiere in den Gasthäusern. Da werden wir wieder schön geprellt werden und ich rathe dir ernstlich, dich nicht wieder breit zu machen wie ein englischer Lord, sonst reichen meine zwanzig Silbergroschen Topographenzulage wahrhaftig nicht aus."

„Na, mich wird doch wirklich Niemand für einen englischen Lord ansehen?"

„Nein wahrlich nicht, wenn du so ein dummes Gesicht machst, wie in diesem Augenblick."

„Nun, dem Herrn Kuttenkeiler habe ich ein so freundliches Gesicht gemacht, daß wir gewiß gute Aufnahme finden werden."

„Kerl! Ich glaube du bist schon spleenig wie ein Engländer! Was nanntest du da für einen Namen?"

„Nu „Kuttenkeiler," so heißt ein Drittheil der Stadt vom Bürgermeister abwärts."

„Meinetwegen! Werde dem Herrn Bürgermeister Kuttenkeiler meine unterthänige Aufwartung machen und ihn bitten, einmal das Stadtarchiv durchstöbern zu dürfen, um zu erfahren, ob hier zu Olims Zeiten die Mönche vielleicht gehörig Eins auf die Kutte gekriegt haben, was mich im voraus mit Hochachtung für die Siegburger erfüllen würde." —

„Dort wo die grauen Nebelberge ragen,·
Fängt meines Reiches Grenze an.
Und diese Wolken, die nach Mittag jagen,
Sie suchen — —

„Na, mach' nur nicht ein so dämliches Gesicht!
Ich weiß recht gut, daß wir Westwind haben,"
mußt' ich meinem Johann zurufen, welcher bei
meiner Declamation andächtig, aber nicht gläubig,
gen Himmel und mich dann so ansah, als ob ich
den directen Weg nach dem Michaelisberge mit
seinem Narrenhause einschlagen wollte.

Die Sache war ganz einfach die, daß ich mich
erinnerte, meinen dienstlichen Nachbar an der Nord=
grenze meines Amtsreviers aufsuchen zu müssen, um
mit ihm unsere Aufnahmen zusammen zu passen.
In der Regel pflegt dieß keine poetische Stimmung
hervorzurufen. Dennoch lehrt die Erfahrung, daß
im Geschäfte selbst so ein bischen von „Wahrheit
und Dichtung" liegt oder hinein gebracht wird,
wenn die Situationslinien der zusammen zu passen=
den Sectionen nicht mit mathematischer Genauigkeit
an einander stoßen. Welche Wunder da der „Stimm=
hammer" zu schaffen weiß, will ich nicht verrathen
und es als Lüge betrachten, wenn erzählt wird,
daß einen Landbaumeister ein jäher früher Tod
erreichte, als er bemerkte, daß eine von ihm schnur=
gerade erbaute Chaussee, in Folge topographischer

Grenzregulirung per Stimmhammer, einen solchen
Knick auf der topographischen Karte erhalten hatte,
daß man sie für den „gedeckten Weg" eines Festungs=
bastions hätte halten können.

„Aber, meine Herren, Ihre ungeduldigen Ge=
sichter, die Sie zeigen, erinnern mich daran, daß
meine ganze Erzählung Gefahr läuft einen Knick
zu bekommen, wenn ich nicht wieder direct auf
mein Ziel lossteuere, nämlich die Geschichte vom
„Rothen Adlerorden" die mit der von der Kirmeß
in Hennef zusammenhängt."

Der wichtige Tag war schon nahe herange=
kommen und ich hatte noch immer nicht den braven
Major v. C. aufgesucht, obgleich ich mich dazu ver=
pflichtet hatte und obgleich ich vor Begier brannte
den sechzigjährigen Krauskopf, und sein Geheimmittel
zur Erzielung eines solchen, kennen zu lernen.

Daß ich meine Sehnsucht bisher nicht befriedigt,
hatte freilich seinen guten Grund, da in meinem
Herzen eine andere, stärkere aufgetaucht war, die
mit der ersteren erfolgreich concurrirte. Das Object
der einen war wie gesagt ein alter sechzigjähriger
Krauskopf, das der anderen ein himmlischer sechzehn=
jähriger Lockenkopf, welcher der Tochter meines
Wirthes angehörte.

Ich war nahe daran, das Versprechen, den
braven Major mit zur Kirmeß nach H. zu bringen,

gänzlich aufzugeben und statt dessen Fräulein Laura
über die Sieg zu führen. Auch war ich sicher, daß
Fräulein Laura nicht abgeneigt gewesen wäre, sich
meiner liebevollen Leitung, natürlich aber nur in
Gegenwart ihrer Mutter, hinzugeben. Als Feind
allen Reisegepäcks wollte ich mir diese Mutter nicht
gern zulegen und befürchtete außerdem von der ver=
ständigen Frau mit einem derartigen Antrag nach
Hause geleuchtet zu werden. Dem wollte ich mich
denn doch nicht aussetzen.

So war denn der große Tag schon erschienen,
als das Schicksal meinen Entschlüssen dadurch zu
Hülfe kam, daß es mir Mittags den Major v. C.
an der Table d'hote zuführte.

Ich hatte den Major eintreten sehen und
erkannte ihn sofort an der köstlichen blonden Perücke,
mit der ihn Mutter Natur ausgerüstet hatte, um
damit sein frisches, blühendes Gesicht zu umrahmen.

Sogleich wandte ich mich zu ihm unter vielen
Entschuldigungen wegen verspäteter Ueberbringung
der Grüße seines Sohnes. Wir setzten uns an der
Wirthstafel neben einander und ich steuerte alsbald
darauf los, hinter sein Geheimmittel zu kommen.
Er lachte herzlich über meine Neugierde und be=
dauerte nur, daß ich wohl auf die Anwendung
desselben verzichten würde, denn es bestände darin,
daß er und sein Bruder, als Knaben, sich im Winter

stets das Vergnügen bereitet hätten, einander die Köpfe mit Wasser zu bepumpen. Wenn dann bei sechs bis acht Grad Kälte das Wasser binnen wenigen Minuten fror und die Haare eine Krone von Eiszapfen um die Köpfe gebildet hatten, so liefen sie zu ihrem eigenen und dem Vergnügen Anderer, wie zum Entsetzen der besorgten Frauenherzen, als richtige Weihnachtsmänner durch die Dorfstraßen. Ein Buckel voll Prügel im Vaterhause bildete das regelmäßige Finale, half aber nichts, da er die Freuden der kleinen Winterscherze weder erhöhte noch abschwächte. „Wer's nachmachen will, versuche es," schloß der Major seine Erzählung. Ich bleibe dabei: „probatum est!" wobei er mit beiden Händen durch den kräftigen Urwald seines lachenden Hauptes' fuhr.

Zur Kirmeß zu gehen, war er nicht zu bewegen und ich mußte mich ohne Major, — was mir leid that und ohne Laura — was mir noch schmerzlicher war, vom schönen Bärbchen über die Sieg setzen lassen. Sie stellte ihr Erscheinen zum Tanz in Aussicht, was mich wenig reizte, da ich nicht als Kirmeßtänzer in Hennef zu debutiren beabsichtigte. Dagegen setzte ich einige Hoffnung auf die Begrüßung meiner reizenden Wirthin von Ochsenbroel.

Daß auch diese nicht erschien, trug vielleicht mit die Schuld, daß ich mich bei dem großen viel ver=

heißenden Feste eigentlich langweilte; es war für
uns die einfache kameradschaftliche Unterhaltung
bei einer Flasche Wein, die weder durch musikalische
Hochgenüsse gehoben, noch durch dicken Tabaksqualm
sonderlich gestört wurde — oder auch umgekehrt.

Da auch selbst am Rhein dergleichen Feste nicht
selten mit einem Finale von obligaten Schemel=
beinen schließen, wobei uniformirte Leute stets
schlecht berathen sind, so griff ich zu verhältniß=
mäßig früher Stunde nach meinem Degen, da im
Winkel am Fenster, wo jetzt nach dreißig Jahren
mein Stock steht. Meine Militärmütze hing darüber
dort am Fensterknopf, und in derselben sollten sich
meine zusammengelegten Handschuhe befinden. Diese
waren leider verschwunden.

Der Verlust berechnete sich auf baare fünfund=
zwanzig gute Morgen und war deßhalb ebenso
leicht zu verschmerzen, wie das Unglück vor dem
schönen Bärbchen von der Sieg nunmehr barhändig
erscheinen zu müssen, um mich der Heimathsstätte
wieder zuführen zu lassen. Da aber unser lieber
Rittmeister zugleich Polizei=Chef seines Bezirkes
war, wie er es heut noch ist, so konnte ich beim
Scheiden doch die maliciöse Bemerkung nicht unter=
drücken: „Mein lieber Herr Polizei=Chef! Ich denke,
Ihrer Thätigkeit bietet sich noch ein weites, ziemlich
unbebautes Feld dar! Wenn Sie und Ihr Herr

Adjunct mich einmal wieder einladen sollten, so
hoffe ich, daß Sie mich in eine Gesellschaft führen
werden, in der die Begriffe über Mein und Dein
etwas ausgebildeter sind, als es hier der Fall zu
sein scheint."

Die Gegenrede meines Kameraden Str. wurde
zwar auch in das Gewand des Scherzes gekleidet,
aber dennoch fühlte sich heraus, daß ich eine böse
Saite angeschlagen, denn mit seiner Amtsehre ließen
der gestrenge Herr Bürgermeister nicht gern spaßen.
Wir trennten uns aber in aller Freundschaft.

Am anderen Tage hatte ich ein schweres Examen
bei Laura zu bestehen, welche sehr deutlich verrieth,
daß sie ungern in H. gefehlt hatte. Sie wurde
mit dem Arrangement des Kaffeetisches gar nicht
fertig und wollte absolut herausexaminiren, mit
wem ich getanzt habe. Meine wiederholte Be-
theuerung, daß ich ganz und gar nicht als Tänzer
aufgetreten sei, fand keinen Glauben, und als ich
nun mit heuchlerischer Dreistigkeit auf ihr wieder-
holtes „Warum?" entgegnete: es sei nur deßhalb
geschehen, weil sie nicht erschienen sei — da blickte
sie mich mit ihren großen blauen Augen flüchtig
und fragend an, schlug sie dann erröthend nieder
und — entschlüpfte schleunigst.

„Gott, wie viel Unheil richtet die Einquartierung
an, besonders auf dem Lande!" dachte ich, ihr

lächelnd nachblickend, und gelobte mir im Herzen Besserung — so weit sie bei einem Lieutenant möglich ist.

Gegen Abend überraschte mich — nicht Laura — sondern ein Expresser mit einem Päckchen und einem großen Dienstbrief, mit Amtssiegel von H.

In gespannter Erwartung erbreche ich das Dienstsiegel und lese:

„Der Aufmerksamkeit der hiesigen Polizei wollen Sie es verdanken, daß Sie anbei Ihre Handschuhe unversehrt zurückerhalten.

Der Bürgermeister Str.

Den Boten entließ ich mit einem Trinkgelde, aber ohne ein Wort des Dankes an den gütigen Sender. Es schwebte mir vor, daß ich eine solche Sendung nur mit gleicher Münze bezahlen dürfe. „Wie du mir, so ich dir!" das stand bei mir fest, wenn ich auch noch über das Wie im Unklaren war.

Eine frische Cigarre im Munde, ein Specialchen dabei auf dem Tisch, gelangt man bald zur Gedankenklarheit.

Ich sah meinen Farbenkasten an; daneben das Whatman'sche, pergamentartige Zeichenpapier — „Hm! — Wollen einmal versuchen!"

Mit diesem Gedanken brach ich meine Promenade durch die Stube ab, setzte mich an den Arbeitstisch, und im Verlauf einer guten Viertelstunde sah ich

vor mir einen wunderschönen „rothen Adlerorden
dritter Klasse" mit kühn geschlungener Schleife ent=
stehen. — Je mehr ich mein Werk betrachtete, desto
größer war die Freude daran. Wirklich Alles getreu
und der Natur täuschend ähnlich, nur der Glanz
der Emaille und der goldenen Kanten fehlte —
„Nun, das wollen wir auch schon noch kriegen!"

Mein Zeichenkästchen war stets auf alle Fälle
gerüstet. Zu diesen „allen" Fällen gehörte auch
das Entsprechen meiner, von Freunden und Ange=
hörigen gepriesenen Gewohnheit, meine Briefe häufig
mit kleinen Vignetten zu verzieren. Bei dergleichen
wurden die dunklen Partien und Schlagschatten
durch ein paar Lackstriche effectvoll gehoben. So
griff ich zu meinem kleinen Fläschchen mit der be=
kannten Etiquette „Nouveau vernis à tableau,
Soehnée frères à Paris." — Ein paar kühne
Pinselstriche und, siehe da! — der rothe Adlerorden
producirte sich, als wäre er der Kunstwerkstätte von
Hossauer, an der Schloßfreiheit in Berlin, ent=
sprungen.

„Johann! — Bitte Fräulein Laura um eine
feine Scheere!" rief ich zur Thür des Neben=
zimmers hinein.

Es währte nicht lange, so hatte ich ein so feines
Scheerchen in den Händen, daß ich nicht wußte,
wie ich den Daumen hineinbringen sollte und gerieth

in Versuchung, das dazu passende Däumchen eben=
falls zu requiriren.

Nach einigen mühsamen Versuchen gelangte ich
denn doch dahin, den neuen Orden ringsum vom
überflüssigen Papier zu befreien. — Als ich nun
aber vor den Spiegel trat, den Orden vor die
linke Brust haltend, fand ich selbst, daß ich etwas
Außerordentliches geleistet und so gewissermaßen
die Auszeichnungen verdient hätte, welche ich meinem
Kameraden Str. großmüthig zu verleihen gedachte.

Nun setzte ich mich nochmals hin, um das
Diplom dazu anzufertigen. Da ich aber damals
noch nicht in den Besitz eines solchen gelangt war,
so befand ich mich in einiger Unsicherheit über die
Form desselben, und wählte statt dessen die einer
Kabinets=Ordre.

Auf einen untadelhaft weißen Bogen Papier
schrieb ich möglichst schön, so daß die Schrift jedem
Kabinets=Secretär zur Ehre gereicht haben würde:

„Wir haben mit Wohlgefallen davon Kenntniß
genommen, mit welchem Eifer Sie sich Ihren
amtlichen Functionen hingeben und übersenden Wir
Ihnen den anliegenden Beweis Unserer An=
erkennung.

Sanssouci im September 1845.

Friedrich Wilhelm.‟

Jetzt den Orden darunter angeheftet, zusammen=

gefaltet, ein großes Couvert darum gemacht — fertig war die Geschichte bis auf Siegel und Adresse.

Ein dunkles Gefühl veranlaßte mich, das Couvert nicht mit dem eigenen Siegelring zu schließen. Ich rief Johann, um mir ein möglichst großes Petschaft zu verschaffen. Johann aber mußte in den wenigen Tagen auch schon seine Laura in der Nachbarschaft gefunden haben; wenigstens meldete meine Laura, er sei eben ausgegangen und sie fragte daher nach meinen Wünschen. Als ich ihr dieselben mitgetheilt, brachte sie mir bald darauf ein Petschaft ihres Vaters mit einem gothischen K. darauf eingravirt.

Die Adresse hatte ich unterdeß schon auf die Enveloppe geschrieben und so war denn alsbald, in Gegenwart der lieblichen Laura, die wichtige Depesche reisefertig.

„Wo nur der böse Mensch steckt? — Der Brief hat große Eile und ich würde ihn am liebsten selber zur Post tragen, oder zum nächsten Briefkasten — wenn ich ihn nur zu finden wüßte," sagte ich zu Laura.

„O, bitte, Herr Lieutenant, geben Sie den Brief nur her; der Briefkasten ist gleich hier nebenan und ich werde ihn sofort hineinstecken."

„Sie sind zu liebenswürdig, Fräulein," so sagte ich zu Laura, dachte aber dabei: „Du kleine neugierige Katze willst nur sehen, an wen der eilige, mit fremdem Petschaft gesiegelte große Dienstbrief gerichtet ist."

„Fort war die gütige Laura und mein Orden dazu; mein stiller Segen folgte beiden nach.

„Meine Herren! Sie haben gewiß auch schon einmal — wenn auch keine Orden verliehen, so doch ähnliche Allotria getrieben und werden daher ein Verständniß dafür haben, wenn ich Ihnen sage, daß ich, vergnügt die Hände reibend, im Zimmer auf= und abging und mir dabei von meiner Phan= tasie vormalen ließ, wie der große Brief dem Kasten vom Postmeister entnommen, neugierig betrachtet, von vorn nach hinten, dann wieder von hinten nach vorn gekehrt und kopfschüttelnd in das Brieffach für H. gelegt wird; wie sich dieß Manöver wieder= holt, so oft der Brief in eine neue Amtshand und zuletzt in die Hände des Bürgermeisters geräth; wie dieser sich nur langsam, sehr langsam dazu ent= schließt, das unbekannte Siegel zu brechen. Dann aber Erstaunen und Gelächter, Ausrufe wie „faule Witze" u. dgl. Redensarten und Titel, mit denen der Absender beehrt wird, sowie endlich das Auf= tauchen in unbestimmten Umrissen von Racheplänen zur Vergeltung des Scherzes. Dieselben werden geprüft und verworfen, nehmen aber immer festere Gestalt an und werden zu einem Damoklesschwert, welches von nun an über unserem Haupte schwebt

und jeden Augenblick herabzufallen droht. Es
liegt ein unendlicher Reiz in einer solchen Situation
mit dem Gaukelspiel, welches die Phantasie dabei
treibt. Am liebsten möchte man alle Stadien,
welche eine solche Scherzsendung zu durchlaufen hat,
selbst mit durchmachen. Da dieß aber nicht möglich,
so schickt man seine Hoffnungen als Begleiter und
begnügt sich zuletzt mit dem Rapport über das
Finale des Scherzes, welchen der Adressat in der
Regel mit den Worten: „Na warten Sie; wir haben
ein hübsches Hühnchen mit einander zu pflücken!"
oder in ähnlicher Weise einzuleiten pflegt.

Einer solchen Einleitung des Rapportes über
den Ausfall der Ordensverleihung konnte ich nun
in der nächsten Zeit in doppelter Weise entgegen=
sehen. Entweder unser Ritt=, Bürger= und Polizei=
meister suchte mich auf oder, wenn dieß nicht
geschah, auch nicht etwa ein Contre=Coup erfolgte,
so blieb mir nichts anderes übrig, als selbst einmal
wieder nach H. zu gehen und den Rapport dort
selber entgegen zu nehmen.

Es vergingen einige Tage in der sehnsüchtigsten
Erwartung; aber mein Freund Str. ließ nichts
von sich sehen und hören.

Am vierten Tage erscheint Herr v. C. bei mir
zum Besuch. Daß ich ihn mit einem eigenthüm=
lichen Ausdruck im Gesicht begrüßte, ist selbstredend.

Er sah mich etwas befremdet an, schien aber weiter kein Gewicht auf mein Mienenspiel zu legen; ich setzte mein Alltagsgesicht Nr. 4. auf und wir conversirten in gewöhnlicher freundlicher Weise. — „Er wird schon von selber mit der richtigen Sprache herausrücken," dachte ich und wollte dieß ruhig abwarten.

Es verging eine Viertelstunde nach der anderen — von meiner Ordensverleihung war keine Rede. Jetzt erst fiel es mir ein, daß v. C. nicht einmal einen Gruß des Bürgermeisters überbracht hatte.

„Was macht denn Freund Str.?"

„Danke; ist ganz munter, aber etwas unwirsch! Er war vorgestern beim Landrath. Ich weiß nicht, ob er dort vielleicht Unannehmlichkeiten gehabt hat."

„Hm," dachte ich, „das kommt mir doch etwas eigenthümlich vor! — Hat denn der Rittmeister in diesen Tagen gar nichts Besonderes erzählt? — keine Andeutung gemacht über irgend ein erfreuliches Ereigniß?"

„Nicht die geringste!"

„Das ist wahrlich sonderbar! — Sollte es wirklich? —

„Aber bitte, Herr Lieutenant, erklären Sie mir doch gütigst, was Sie eigentlich meinen!"

„Wissen Sie was, lieber C.? Wenn Sie nach H. kommen, so grüßen Sie den Rittmeister recht

freundlich von mir und fragen Sie, ob man zum
Empfang des rothen Adlerorden gratuliren dürfe?
Weiter kann ich Ihnen vorläufig nichts sagen."

Wirklich ließ ich mich auf weitere Auseinander=
setzungen nicht ein, obgleich sie dringend begehrt
wurden. Freund C. trollte gedankenvoll ab und
ich konnte fest davon überzeugt sein, daß er auch
nicht die entfernteste Ahnung davon hatte, was der
eigentliche Kern seines Auftrages sei. Wohl aber
bemerkte ich, daß er seine Schritte beflügelte, um
die Lösung des Räthsels, die ihm in Siegburg
versagt blieb, desto eher in H. zu gewinnen.

Was noch am Nachmittage traurig Ergötzliches
in H. vorging, sollen Sie, meine Herren, alsbald
erfahren. Einstweilen muß ich gestehen, daß ich
mich den Tag über etwas beunruhigt fühlte; es
wollte mir scheinen, als ob etwas faul wäre im
Staate Dänemark. —

> „Des Morgens früh um Achte,
> Als Niemand Böses dachte" — doch nein!

Um bei der Wahrheit zu bleiben: es war noch
drei Stunden früher, wo ich wenigstens weder
etwas Böses dachte noch träumte, obgleich mich,
noch in süßem Morgenschlummer, mein Bett umfing,
als ich durch ein starkes Anklopfen an die Stuben=
thür geweckt wurde.

„Was ist denn los? — Herrein!"

Und herein mit gemessenem Schritt v. C. mein
Freundchen tritt.

Bleich wie die Wand, heftet v. C. seinen Blick
auf meine behemdete Gestalt mit einem Ausdruck,
der mich halb erschreckte, halb zum Lachen stimmte:
so viel Liebe, so viel Mitleid, Trauer und Angst
lag in seinem sonst jugendlich blühenden, jetzt so
bleichen Angesicht.

Einen „guten Morgen" wünschte er mir nicht;
es wäre dieser Wunsch auch bittere Ironie gewesen
den schweren Verkündigungen gegenüber, welche —
wie es schien — dem bleichen Mann auf den Lippen
schwebten, sich aber von denselben nicht zu befreien
wagten.

„Herr des Himmels! Lieber C., wo kommen
Sie denn schon in aller Frühe her und mit einem
solchen Leichenbittergesicht?"

„Ja, stehen Sie nur auf, Herr Lieutenant."

„Versteht sich von selber, lieber C., daß ich
nicht liegen bleiben werde, obgleich es noch reichlich
früh und kaum Tag ist, ich Sie daher schwerlich
einladen kann, eine Tasse Mokka sofort mit mir zu
genießen."

„Ach, davon kann wohl überhaupt nicht die
Rede sein. Beeilen Sie sich nur; der Bürgermeister
wartet mit seinem Wagen jenseits der Sieg auf Sie."

„Der wartet auf mich? — Morgens früh um fünf Uhr hinter der Sieg? — Ich bitte Sie um Alles in der Welt, rücken Sie endlich heraus mit der Sprache! Was hat dieß Alles zu bedeuten? — Aber doch vor allen Dingen eine Tasse Kaffee, sonst falle ich am Ende noch in Ohnmacht bei Ihrer Trauermähr.“

Mit diesen Worten sprang ich zur Klingelschnur und befahl dem verblüfft hereinstürzenden Johann schleunigst für Kaffee zu sorgen.

Herr v. C. hatte unterdeß Zeit gewonnen, sich zu sammeln und endlich mühsam hervorzubringen:

„Ja, um Ihnen in Kürze zu sagen, was vorgefallen und was jetzt los ist, bemerke ich nur, daß der Bürgermeister mit Ihnen nach Bonn fahren will; denn leider ist die ganze Ordensgeschichte schon in den Händen des Staatsprocurators. Str. ist untröstlich, die Geschichte anhängig gemacht zu haben und befürchtet, Sie könnten darüber cassirt werden.“

„Na, da hört denn doch Verschiedenes auf!“ rief ich aus. „Hören Sie, alter Freund, der Spaß ist mehr wie köstlich! — eine göttliche Geschichte! — hahaha!“

„Aber ich bitte Sie um Gottes Willen! Sie lachen, während wir uns darüber grämen, durch ein Mißverständniß die Gefahr für Sie heraufbeschworen zu sehen!“

„Ei, sehen Sie lieber, wie Johann hier schon mit dem Frühstück kommt. Das nenne ich noch prompte Bedienung! Ich glaube gar, die da unten haben auch schon eine Ahnung von dem nahenden Gewittersturm, denn sonst — —"

„Herr Lieutenant, Fräulein Laura wünscht Sie auf einen Augenblick zu sprechen," flüsterte Johann mir geheimnißvoll zu, was mich verleitete befremdend ein „warum nicht gar!" auszustoßen.

„Entschuldigen Sie, lieber C., einen Augenblick und schenken Sie unterdeß den Kaffee ein. Ich bin sogleich wieder bei Ihnen."

Mit diesen Worten trocknete ich das eben aus dem Waschbecken gehobene Gesicht ab, strich ein paarmal mit der Bürste über das Haar und glaubte nun mit meiner Toilette in einer solchen Verfassung zu sein, um, ohne Anstoß zu erregen, vor meiner himmlischen Laura erscheinen zu können. Meine Gedanken schoßen wie Kreuzfeuer in meinem eben glattgestriegelten Hirnkasten durcheinander und ich verlor darüber das Gehör für die verschiedenen Bemerkungen, welche C. hervorstotterte.

Mit einem Ruck faßte ich ihn statt aller Antwort an die Arme, drehte und schob ihn nach dem Kaffeetisch und husch! war ich hinaus auf den Corridor, wo Laura meiner harrte.

Noch heut sehe ich das schöne Kind dastehen,

im sauberen, weißen Morgenrock, das Köpfchen mit einem leichten wollenen Schawl umhüllt, wohl nur um die liebliche Unordnung der Haarfrisur zu ver= decken. Die linke Hand hielt das Tuch unter dem Kinn zusammen, wodurch der tadellos schöne Unter= arm sich in seiner Zartheit und plastischen Vollendung präsentirte. Es schien das Köpfchen, welches sich kummervoll nach einer Seite neigte, zu stützen. Nun aber bei meinem Herantreten entrollten zwei große Thränen den schönen Augen und blieben an den blühenden Wangen wie die Morgenthautropfen an der Rose hängen.

„Fräulein Laura, was bedeutet dieß,“ fragte ich besorgt und erstaunt.

„Ach, bester Herr Lieutenant, es bedeutet, daß ich die ganze Nacht kein Auge zugethan habe, weil gestern Abend spät der Untersuchungsrichter von Bonn angekommen und ich Sie nicht mehr sprechen konnte.“

„Aber, liebes Fräulein, was haben Sie mit dem Untersuchungsrichter zu thun? und weßhalb wollten Sie mich sprechen?“

„Wie können Sie nur fragen? Es ist ja wegen Ihres abscheulichen großen Briefes, den ich für Sie in den Kasten gesteckt habe,“ antwortete Laura immer weinerlicher und schloß jetzt ihre Rede unter einem vollständigen Thränenstrome: „Papa fragte, welche Geschäfte ihn nach Siegburg führten, und er antwortete: „Ach nur eine Kleinigkeit! Ich will den Postmeister wegen Aufgabe eines Briefes an den Bürgermeister Str. inquiriren." Drauf holte er das große Couvert aus der Mappe. Als Papa das Siegel sah, wurde er ganz blaß. Ich ging vor Angst aus dem Zimmer, denn ich komme nun gewiß vor Gericht. — O, bitte, sagen Sie mir, was soll ich thun, was soll ich sagen? — O, das hätten Sie mir nicht zu Leibe thun dürfen!"

„Vor allen Dingen trocknen Sie Ihre Thränen, liebes Kind, die ganz unnütz fließen, und sollten Sie gefragt werden, so antworten Sie nichts anderes, als die reine Wahrheit. Die ganze Geschichte ist nicht der Rede und keiner Thräne werth. Ich fahre sofort nach Bonn zum Staatsprocurator und werde dort Alles aufklären. Adieu, Fräulein!"

Wohl sah ich, daß Laura bei dem Worte „Staatsprocurator" zusammenzuckte, als würde ihr schon der verhängnißvolle Strick um den jugendlichen Hals geworfen, um ein vermeintliches Verbrechen zu büßen. Es war darum nöthig schnell abzubrechen, weil es mir überhaupt klar geworden, daß das von mir auf dem Gipfel des Scherzes gelöste Schneebällchen mit mehr Getöse, als von mir beabsichtigt worden, bergab gerollt war und nun eine förmliche Lawine zu bilden begann, die mich und nun gar auch die liebliche Laura an meiner Seite zu verschütten drohte. Schnell kehrte ich in mein Zimmer zurück.

„Flink, flink, lieber C.! Hinunter mit der Tasse Kaffee — dann fort! — Unglückseliger! fort von hier, sonst schlagen uns die Häscher in Banden! Denken Sie sich — der Untersuchungsrichter von Bonn ist bereits hier — wohnt mit mir unter einem Dache! Hoffentlich schläft er aber noch den Schlaf der Gerechten, was wir benützen müssen, glücklich zu entweichen." Ich zog mich schleunigst an.

v. C. sah mich erschrocken an. Mir schien es, als suche er die ihn verlassende Kraft durch eine Stuhllehne, die er krampfhaft erfaßte, zu unterstützen.

Unterdeß hatte ich den Degen angesteckt und eine Cigarre angezündet — allein, weil der leid= tragende Freund einen solchen Genuß in seiner Trauer ablehnte.

„Fort, fort! Damit der Mann der Inquisition uns nicht erwischt!"

So schob ich ihn zur Thür hinaus und sagte dem Johann, daß ich vor Nachmittags nicht zu sprechen sei, grüßte noch mit einer Handbewegung nach dem schon aus einer Thür lugenden Köpfchen Laura's und — wir befanden uns im Freien, allwo mein Begleiter mit hörbarem Zuge tief aufathmete.

Als die letzten Häuser der Stadt hinter uns

lagen, wendete ich mich zu meinem stummen Be=
gleiter:

„Nun, bester Freund, erzählen Sie mir doch
endlich, wie sich das Alles entwickelt hat. Die
Wirkung sehen wir vor uns, aber die Ursache ist
mir noch vollständig unbekannt.

„Ja, ich kann Ihnen nur folgendes mittheilen:
als ich gestern Nachmittags direct von Ihnen nach
H. zurückgekehrt war, trat der Rittmeister ein.
„Nun, Herr Bürgermeister, man kann ja wohl
gratuliren?" so erzählte v. C. im rheinischen Dialect,
dessen weitere Nachahmung Sie mir übrigens wohl
gern erlassen werden.

„Wozu?" stößt der Bürgermeister in grimmiger
Geberde aus.

„Nun, zum Adlerorden!"

„Wer hat das gesagt, Herr?! Schnell den
Namen! Ich sage Ihnen, das soll ihm theuer zu
stehen kommen!"

Mit diesen Worten war der Bürgermeister auf
mich zugesprungen, faßte meinen Kragen und sah
so wüthend aus, daß ich befürchtete, er würde mich
sogleich erwürgen.

„Mein Gott, Herr Bürgermeister! — Was ist
denn eigentlich los? Ich komme eben vom Lieute=
nant in Siegburg, der Sie bestens grüßen läßt
und mich beauftragte, Ihnen zum rothen — —"

Ich brach ab, denn diese wenigen Worte wirkten wie ein kaltes Bad auf den Bürgermeister. Schlaff ließ er die Arme sinken und blickte mich betroffen an.

„Himmel! Sollte der es gewesen sein? Mein Gott, an den habe ich wahrhaftig auch nicht entfernt gedacht! Zu spät! — Jetzt habe ich ihn unglücklich gemacht, denn ich habe wegen Verspottung der königlichen Orden und Ehrenzeichen geklagt — also ihn verklagt, wie sich bald ergeben wird." — Er ließ sofort anspannen, ist zum Landrath gefahren, Abends aber ganz betrübt wieder zurückgekommen und hat mich dann beauftragt Sie in aller Frühe heute aufzusuchen und Ihnen zu sagen, daß Sie mit nach Bonn zum Staatsprocurator fahren müßten, weil in Folge eines Mißverständnisses dort eine Klage anhängig gemacht sei, welche Ihnen die Epauletten kosten könne."

„Das ist Alles, was ich weiß. — Sehen Sie, da drüben hält schon der Bürgermeister und winkt uns ungeduldig zu. Ich habe aber nicht die Zeit, Sie noch weiter zu begleiten und kehre zurück, obgleich auch ich gern Näheres über die geheimnißvolle Geschichte erfahren möchte. Nun, vielleicht höre ich in Siegburg mehr. Adieu!"

„Auf Wiedersehen! — Trösten Sie die arme Laura!" rief ich ihm nach und vertraute mich nun bald dem Schutz des schönen Bärbchen von der Sieg an, welche mich dem jenseits harrenden Bürgermeister zuführte.

„Steigen Sie nur schnell auf," waren die von einem stummen Kopfnicken begleiteten Worte, mit denen mich der Bürgermeister empfing. „Haben mich schön lange warten lassen, obgleich mich ohnehin schon die Ungeduld verzehrt!"

„Thut mir herzlich leid, Herr Kamerad, aber ich mußte nothwendigerweise noch Instructionen ertheilen, da der Inquisitionsrichter bereits in Siegburg angekommen ist, um Feststellungen über die Aufgabe der unglückseligen Kabinets=Ordre zu machen. — Empfangen Sie übrigens nachträglich meine Gratulation."

„Ach gehen Sie mit Ihren schlechten Witzen! Es ist jetzt gerade Zeit zum scherzen. Also am Ende wirklich schon zu spät, da Sie sagen, daß die Untersuchung bereits vor sich geht. — Mann! Was haben Sie gethan!"

„Was ich gethan? Na was denn? Doch nur gescherzt! — Aber Sie, verehrter Freund, er= zählen Sie, was Sie mir eingebrockt haben, damit wir darnach den Feldzugsplan entwerfen, unsere Defensive ergreifen können."

„Verflucht dumme Geschichte!" rief der Bürger= meister und versetzte den armen Pferden einen so derben Peitschenhieb, daß unsere Kalesche heftig anruckte und ich beinahe hinten überpurzelte.

„Nur ruhig! Die armen Braunen können ja nichts dafür, und wenn Sie so grimmig aufhauen, kann ich nicht ein Wort von Ihrer Erzählung verstehen, auf die ich doch aus sehr nahe liegenden Gründen sehr gespannt bin.“

„Nun hören Sie mich an! — Damit Ihnen mein Beginnen verständlich wird, muß ich damit anfangen Ihnen eine kleine Geschichte zu erzählen, die sich vor einigen Wochen in meiner Amtsphäre ereignete und die mit der jetzigen in innigem Zusammenhange steht.“

„Na wahrlich! Das wird ja immer besser, immer interessanter, wenn auch noch andere, mir unbekannte Acteurs in unserer Komödie oder Tragödie — wenns etwa zum Köpfen kommen sollte — mitspielen.“ Ich drückte mich in eine Wagenecke in der Absicht die Worte des Bürgermeisters nicht nur zu hören, sondern förmlich zu verschlingen.

„Vor einigen Wochen hatten wir Kreistag. Unter mancherlei Fragen, die auf der Tagesordnung standen, kam auch die zur Erörterung, ob der Landbaumeister K., welcher bis dahin in Siegburg wohnte, nicht besser und ordnungsgemäß in H. zu domiciliren habe. Die Debatte war eine ungemein lebhafte. Der Landbaumeister widersetzte sich dem

Anfinnen der Wohnungsverlegung auf das heftigfte.
Ich vertheidigte den von mir eingebrachten Plan
mit Wärme und — fiegte endlich. Somit hatte ich
den Landbaumeifter, mit dem ich fonft wohl be=
freundet bin, ziemlich hart ins Fleifch gefchnitten;
aber das Intereffe des Kreifes brachte es fo mit
fich. Nach der Sitzung, als wir uns mit freund=
lichem Gruße trennten, konnte der Baumeifter nicht
unterlaffen, mir in fpöttifcher Weife noch zu be=
merken: „Na, Str., Sie haben fich heute verdient
gemacht und — mit der Hand nach dem Knopfloch
deutend — es kann gar nicht ausbleiben.“

„Köftlich! — Ich fange an zu verftehen,“ unter=
brach ich den Bürgermeifter, — „nun weiter!“

„Alfo vor drei Tagen empfange ich den etwas
ungewöhnlich ausfehenden Brief von Ihnen. Wie
es immer zu gefchehen pflegt, wenn man über den
Abfender im Unklaren, befchaue ich das Siegel —
ein gothifch K. — Ein K. von Siegburg? — Nun
halb Siegburg nennt fich K. — Unterdeß erbreche
ich das Siegel, entfalte den Bogen und beim Anblick
des Ordens bleibt mir gar kein Zweifel darüber,
daß der, als guter Zeichner bekannte Landbaumeifter
K. mir den Orden zum Spott überfendet, um feine
Verheißung vor der Zeit fchon zur Wahrheit zu
machen. Ich fühlte, wie mir das Blut nach dem
Kopf ftieg. Einen Scherz in Worten läßt man fich

gefallen, aber schwarz auf weiß den Hohn vor sich
habend, urtheilt man etwas weniger harmlos; es
schien mir zu weit gegangen."

„Aber, bester Herr Kamerad, sind Sie so gar
empfindlich?"

„Das gerade nicht. Sie müssen aber wissen
wie leicht man hier auf dem Lande zum Stichblatt
schlechter Witze gemacht wird und ich wollte mich
dem nicht aussetzen, mich als „Ritter des papiernen
Ordens" beglückwünschen und verspotten zu lassen,
war ich doch nur zu sicher, daß er kein Geheimniß
aus dem Scherze machen und ihm so die Spitze
abbrechen, sich um den Hauptspaß bringen würde."

„Freilich nicht! Aber wenn Sie in einem dienstlichen Verhältniß zu ihm standen, mußte Ihnen
doch wohl die Handschrift desselben bekannt sein?"

„Das ist eben das Merkwürdige! Abgesehen
davon, daß er sich ja eines Schreibers bedient
haben konnte, kam ich zu dieser Vermuthung gar
nicht. Denken Sie nur, ich griff sofort nach den
Acten, verglich die Handschrift, und — ich sage
Ihnen, sechs schriftverständige Experten hätten her-
beigezogen werden können und alle würden bezeugt
haben, daß der Brief und die Acten von nur einer
Hand herrühren.

So stand nun das Factum für mich fest und
ebenso schnell der Entschluß diese Angelegenheit bei

der vorgesetzten Behörde anhängig zu machen. —
Ich fuhr zum Landrath. Der empfing mich mit
den Worten: „Nun, lieber Str., Sie müssen etwas
Außergewöhnliches auf dem Herzen haben, das
schließe ich aus Ihren Mienen und daraus, daß
Sie mich zu so ungewöhnlicher Stunde aufsuchen."

„Ganz recht, Herr Landrath! — Es ist mir
allerdings etwas Außergewöhnliches passirt. Sie
erinnern sich, Herr Landrath, der letzten Debatte
auf dem Kreistage?"

„Ganz gewiß! — namentlich der, wegen des
Domicils des Baumeisters K., aus welcher Sie
so siegreich hervorgingen."

„Wohl, Herr Landrath, Sie treffen gleich das
Rechte. Sehen Sie hier — dabei entfaltete ich den
Brief und hielt ihm den papiernen Orden hin —
da hab' ich schon meinen Lohn!"

Erstaunt und mit lächelnder Miene nahm der
Landrath den Orden hin und bemerkte dann:

„Hören Sie, Str., das Ding ist allerliebst.
Wollen Sie wirklich den schlechten Witz nicht als
solchen passiren lassen, statt ihn als eine, offenbar
beleidigende Verhöhnung anzusehen?"

„Herr Landrath, der Brief ist nicht an Str.,
sondern an den Bürgermeister gerichtet und es
frägt sich, ob es sich mit dessen Würde verträgt,
sich wegen Ausübung seiner Pflicht verspotten zu

lassen. — Ich will das dahingestellt sein lassen, nachdem ich Ihnen, meinem Vorgesetzten, Meldung davon gemacht habe. Ich bin aber nicht als Kläger für mich erschienen, sondern als Staatsbeamter, als Polizeichef und deßhalb nur klage ich, ex officio, wegen Verspottung und Verhöhnung der königlichen Ehrenzeichen, nicht wegen persönlicher Beleidigung."

Darauf machte der Landrath ein sehr ernstes Gesicht und erwiederte: „Sie haben Recht, Herr Bürgermeister, ich werde meine Schuldigkeit thun!"

„Alle Hagel!" warf ich jetzt dem Rittmeister ein, „die Geschichte fängt an eine drohend ernste Wendung zu nehmen. Doch erzählen Sie nur weiter."

„Je nun! — Soweit war meine Geschichte eigent= lich zu Ende. Ich hatte meine Schuldigkeit gethan und wollte das Weitere ruhig abwarten; da kommt nun C. gestern Abend mit seiner Gratulation von Ihnen. Mir fallen die Schuppen von den Augen. Bei der gleich gewonnenen Ueberzeugung, daß Bau= meister K. der Absender des Briefes sei, hatte ich auch nicht einen halben Gedanken auf Sie. Ihre Handschrift war mir außerdem bis jetzt unbekannt geblieben; dazu das Siegel. — Jetzt schwebt mir mit einemmale das Unglück vor Augen, welches ich Ihnen möglicherweise angerichtet habe. Ich fahre wieder zum Landrath und sage ihm, daß meine Voraussetzungen irrig gewesen seien. Leider erfuhr

ich nur, daß die Angelegenheit bereits dem Staats=
anwalt übergeben sei, um, meinem Antrag gemäß,
den Proceß wegen „Verhöhnung der königlichen
Ehrenzeichen" einzuleiten."

„So! Und nun ließen Sie mich, den Delinquenten,
einladen mit Ihnen nach Bonn zum Staatsprocu=
rator zu reisen und mich dem Teufel direct in den
Rachen zu liefern," schaltete ich ein, „oder was be=
absichtigen Sie sonst noch mit diesem Besuch?"

„Was anderes wohl, als ihm offen den Her=
gang der ganzen Geschichte zu erzählen und um
Niederschlagung der Anklage zu bitten."

„Lieber Kamerad, jetzt weiß ich genug und sage
Ihnen: das ist Alles ganz schön, was Sie vor=
haben, aber mir scheint, es sei schon allzusehr mit
allen Glocken geläutet worden, als daß wir noch
an die große Sturmglocke anschlagen und die ganze
Welt allarmiren sollten. Ich sehe die Geschichte
nicht halb so schlimm an, als Sie. Kommt sie
zum Klappen, so werde ich jedenfalls einen unan=
genehmen Rüffel wegen unpassender Scherze besehen;
aber von einem Verbrechen im Sinne Ihrer An=
klage, von einer Bestrafung als Majestätsverbrecher,
Hochverräther oder so etwas Gutes, wie Sie es
so kameradschaftlich eingeleitet haben und sich so
phantasiereich ausmalen, davon kann ja gar keine
Rede sein."

„So! — Sind Sie Ihrer Sache so gewiß?“

„Herr des Himmels! Man sieht Ihnen doch
gleich den Polizeimenschen an, der seine Krallen
einem armen unschuldigen Menschen sofort in die
Schultern hackt, wenn nur ein Schein von Schuld
vorhanden ist, statt erst sorgsam zu prüfen, wie
die Geschichte nach heiligem, römischen Recht zu
beurtheilen sein würde. Statt den Corpus juris
zu Rathe zu ziehen oder den Code Napoléon, wie
eure civilisirten Nachbarn da drüben, wird gleich
nach der Carolina, nach Karls V. „peinliche Hals=
und Gerichtsordnung“ gegriffen, deren Titelkupfer
mit den Tortur= und Marterwerkzeugen jedem echten
Polizeimann eine wahre Herzstärkung gewährt.“

„Um Gottes Willen — halten Sie ein! — Was
verstehen Sie denn wohl vom „römischen Recht?!“

„So? — Gerade genug, um Ihnen sagen zu
können, daß nach „römischem,“ wie nach „preußi=
schem allgemeinen Landrecht“ es immer auf den
„dolus“ ankömmt, um eine Schuld zu prüfen, festzu=
stellen und nach Ihrer Carolina mit Daumschrauben,
Halseisen und Schandpfahl zu bestrafen. He!
Merken Sie was, Herr Polizeimeister? — „dolus,“
die böse Absicht — nachher kommt erst „dolorosus“
d. h. Bruder Schmerzenreich — —“

„Hören Sie auf, mir wird — —“

„Ausreden lassen! — Jetzt bin ich einmal dabei

einen Polizeimenschen abzucapiteln, der in blindem
Eifer ein anderes Menschenkind in das Unglück
stürzen will. Die Gelegenheit dazu kommt nicht
alle Tage und ich darf sie mir daher jetzt nicht ent=
gehen lassen. Darum also: ihr Polizeimenschen
verdreht römisches und allgemeines Landrecht, fangt
mit dem dolorosus an und bereitet ihm Folter=
qualen, bis er vor Angst und Schmerzen den dolus
zu der Schuld bekennt, um nur von allen Qualen
erlöst zu werden. Mich aber kriegt Ihr nicht in
eure Halseisen, Verehrtester. Meinen Scherzen
fehlt der dolus, dolus, dolus! Merken Sie sich das
und nun gehen Sie hin und lernen Sie was."

„Etwas habe ich schon jetzt gelernt."

„Nicht wahr? Was denn z. B., liebster Bürger=
meister?"

„Ich bin zu der Ueberzeugung gekommen, wie
ungemein nützlich und nothwendig das Studium
der lateinischen Sprache — selbst für einen Lieute=
nant ist, um das römische Recht im Urtext lesen
und Andere darüber belehren zu können: wie —
wie schwer unverdaute lateinische Brocken einen
Lieutenantsmagen drücken — hahahaha!"

„Versteht sich! hahaha! weil sich ein Lieutenant
keines Polizeimagens zu erfreuen hat."

„Wissen Sie was, Herr Lieutenant," meinte
der Bürgermeister mit geheimnißvoller Miene, „wenn

es Ihnen doch, trotz Ihres Dolus an den Kragen
gehen sollte, so können Sie sich ja um die Pro=
fessorenstelle bewerben, die bei der juristischen Facultät
da drüben gerade vacant ist. Das wäre jetzt ein
Abmachen, wenn wir einmal in Bonn sind. Sollten
Sie dann im Wintersemester über römisches Recht
lesen, so können Sie überzeugt sein, daß ich aus
alter Kameradschaft und neuer Hochachtung Ihrer
Rechtskenntnisse, als Zuhörer nicht fehlen werde,
wenn Sie erstens kein Honorar verlangen und
zweitens außer römischem Recht auch bayrisches
Bier und Cigarren vortragen. — Brrr!"

Der Rittmeister unterbrach mit diesem Brrr!
meine Entgegnung und parirte vor einem Gast=
hause, denn das Rheinufer lag vor uns und die
fliegende Brücke legte eben an.

Das Fuhrwerk wurde schnell dem Hausknecht
anvertraut und mit einiger Beschleunigung erreichten
wir noch rechtzeitig die Fähre. Auf derselben ver=
abredeten wir, daß der Bürgermeister allein zum
Staatsprocurator gehen sollte, um die Geschichte wo=
möglich ohne Nennung meines Namens zu aplaniren.

„Hier, Bürgermeisterchen, ist eine Weinschänke.
Hier werde ich Sie erwarten und ein Specialche
auf Ihre Gesundheit trinken."

„Trinken Sie lieber auf Ihr eigenes Wohl=
ergehen!"

„Auch das wird geschehen, aber erst in zweiter Instanz, wenn Sie nach dem ersten Specialche noch nicht zurück sind. Kommen Sie nun mit Ihrem Freunde, dem Staatsprocurator, ohne mein Zuthun zurecht, so werden Sie einsehen, mein bester Kamerad, daß mein Nichthervortreten am nützlichsten ist. Andernfalls holen Sie mich von hier ab und wir werden das Weitere ersehen.“

Wir schieden unter Händedruck und ich betrat das Wirthshaus, dessen Druidenkreuz mit grünem Rautenkranz mir so freundlich zugewinkt hatte.

Eine stramme Dirne credenzte mir ein Specialchen Moselwein und bald kräuselten sich meine Cigarrenwolken im Gastzimmer, das von anderen Gästen bei so früher Morgenstunde noch nicht besucht war. So befand ich mich mit meinen Genüssen in vollständiger Einsamkeit, nachdem sich auch die vierschrötige Hebe wieder entfernt hatte; ich konnte so die Vorgänge des interessanten Morgens in aller Ruhe und Gemüthlichkeit recapituliren.

Es ist ein eigenes Ding mit der Einsamkeit. Alles was ich mir und meinem Freunde während der vorangegangenen Stunde vorgeschwätzt hatte, bekam hier, im ruhigen einsamen Aufenthalte mit einemmale eine ganz andere Färbung. „Wie nun aber? — Wenn nun doch? — Wäre es nicht leicht möglich, daß?“ — das waren die Anfänge von

Fragen, welche sich in bunter Reihenfolge mir vor
die Seele drängten, ohne daß sich vollständig be=
friedigende Antworten darauf entwickeln wollten. —
Ich kam mir stellenweise vor wie ein ungezogener
Bube, der an einem Grashalm mit dem bekannten:
„Schelte, Prügel, gute Worte — Schelte, Prügel,
gute Worte," sein Schicksal abzählt, das eigen=
sinnig stets mit „Schelte," zur Abwechselung auch
wohl einmal mit „Prügel" aber partout nicht mit
„guten Worten" antwortet.

„Potz Blitz! — Ist denn der Moselwein hier
so stark?" dachte ich; denn es fing an, mir etwas
wüst im Kopf zu werden. — Keine Wirkung ohne
Ursache! — Aber der Moselwein war wahrhaftig
unschuldig genug; davon überzeugte ich mich bald
durch aufmerksame Prüfung auf inneren Gehalt. —
Meine Gedanken? Nun, die waren lebhaft genug,
aber doch wahrlich nicht der Art, um mir den
Kopf zu verwirren. — Die Luft in der Stube?
Ja freilich, die war dick genug; das ist ja ein
merkwürdiger Dunst, und nicht einmal ein Fenster
offen! —

„He, liebes Kind!" rief ich die eben eintretende
hundertfünfzigpfündige Hebe an. „Bringen Sie
mir doch ein frisch Specialchen! Aber sagen Sie mir
doch, rauchen die Oefen hier im Hause? Man kann
ja kaum sein eigenes Wort vor Augen sehen!"

„Rauchen? — die Oefen rauchen net, Herr Offeceer, weil wir nur im Winter und nicht im Sommer heizen; aber Sie rauchen, Herr Offeceer?"

„Alle Hagel!" — Nun wurde ich erst darauf aufmerksam, daß ich nicht allein schnell gedacht, sondern noch schneller gepafft hatte; denn meine erst vor wenigen Minuten angezündete Cigarre, die unglücklicherweise taubkohlig war, qualmte wie der Schornstein der gegenüberliegenden Schmiede und war mir schon dicht vor dem Schnurrbarte an drei verschiedenen Stellen durchgebrannt.

„Sie haben Recht, mein Kind!" Fort mit Schaden! dabei warf ich die schaubereuse Cigarre in den Winkel. „Eure rheinischen Havannaschmok=stengel brennen miserabel. Schnell noch ein Spe-cialchen, sonst wird mir unwohl!"

„Halt, halt! Stina — Eine Flasche vom Besten!" Mit diesen Worten stürzte der Bürgermeister zur Thür herein und schien meine Bestellung eben noch gehört zu haben.

„Engels=Rittmeisterchen! Lassen Sie sich um=armen. Steht Alles gut?"

„Vortrefflich, liebster Kamerad! Denken Sie sich nur: als ich zum Staatsprocurator eintrete, sehe ich, daß er eben die Klageschrift des Landraths vor sich hat und den verhängnißvollen Papierorden wohlgefällig betrachtet."

„Ach, das ist ja prächtig, liebster Bürgermeister, daß Sie grade jetzt kommen. — Ich habe mir eben die ganze Geschichte nochmals überlegt, zergliedert und klargelegt, und finde nun, daß sie doch nicht der Art ist, um gegen den Baumeister einen Proceß anhängig zu machen. Es fehlt der eigentliche dolus in diesem Sinn."

„Ha! — Sehen Sie, Bürgermeisterchen?! — Habe ich Ihnen nicht gesagt, daß auf den dolus nach heiligem römischen Recht Alles ankömmt!" So schrie ich vergnügt auf.

„Beruhigen Sie sich nur mit Ihrem heiligen römischen Recht und lassen Sie mich ausreden.

„Nur in diesem Sinn," sagte der Staats= procuratur, d. h. um den Baumeister wegen Ver= höhnung des königlichen Ordens vor Gericht zu ziehen. Im Uebrigen, meinte er, sei die Ange= legenheit von der Regierung, nicht vom Gericht zu verfolgen und disciplinarisch zu bestrafen, also kommen der Herr Lieutenant doch noch vor's Brett.

„Haben Sie denn von mir gesprochen? Das ist gegen die Verabredung!" bemerkte ich, unangenehm berührt.

„Aha! — Jetzt kriegt er es doch mit der Angst," gab der Bürgermeister zurück. „Na, be= ruhigen Sie sich, sage ich Ihnen abermals, denn ich gab dem Staatsprocurator zur Antwort: „Auch, mit der Disciplinaruntersuchung ist es nichts. Der Landbaumeister ist so unschuldig wie ein Lamm; dagegen habe ich einen übermüthigen, jungen Freund, der ist es, welcher sich den Spaß gemacht hat, an den ich aber gar nicht dachte, weil meine Gedanken gleich den Verdacht anf den Baumeister warfen und festhielten, da vieles für die Richtigkeit desselben sprach."

„Nun, dann ist ja Alles in Ordnung," meinte der Staatsanwalt und wir lassen die ganze Sache auf sich beruhen. Ich will nur gleich dem Untersuchungsrichter Contre-Ordre zugehen lassen."

„Der inquirirt leider schon in Siegburg, wird dort aber wohl nicht viel herausbringen."

„Ach, das ist doch verdrießlich! Da müssen Sie schon die Mühe übernehmen, denselben auf Ihrer Rücktour sofort zu benachrichtigen."

„Das versprach ich denn, und nun, Herr Lieutenant, sehen Sie mich hier, um den Kummer von heut früh schleunigst hinunter zu spülen und dann mit Ihnen, großer Sünder, zurückzufahren."

„Gott sei Dank!" sagte ich. „So ganz angenehm wäre es mir doch nicht gewesen, den dummen Spaß weiter breitgetreten zu sehen. Nun geben Sie meinen Orden her. Tragen dürfen Sie ihn doch nicht und aufbewahren werde ich ihn allein — zur warnenden Erinnerung."

„Den Orden?" fragte der Bürgermeister ver=
dutzt — „den habe ich mir nicht zurück geben lassen."

„Menschenkind! Den haben Sie nicht zurück=
begehrt? — wie unvorsichtig! — Da kann ja alle
Tage die Geschichte wieder aufgewärmt werden.
„Quod non est in actis, non est in mundo,"
sagt der Lateiner und das römische Recht, d. h.
hier: so lange der Orden bei den Acten, ist er
nicht aus der Welt."

„Hilf Himmel! Haben Sie schon wieder latei=
nisches Magendrücken?" rief der Bürgermeister.
„Schweigen Sie nur und ich will sofort nochmals
zurückgehen, um den Orden zu holen."

Der Rittmeister ging. Wer aber den Orden
nicht zurückbrachte, war der Bürgermeister. Auf sein
Ansuchen um Auslieferung des corpus delicti hatte
der Staatsprocurator gelächelt und gesagt: „Nein,
alter Freund, damit ist es nichts, der bleibt bei
den Acten."

Dennoch kam der Rittmeister mit einem von ihm
hochgehaltenen Schreiben zurück und rief mir ent=
gegen:

„Hier, hier, das hätten wir beinahe vergessen!"

„Was denn? — Sie gingen ja eben zurück um
es zu holen?"

„Ach von Ihrem vermaledeiten Orden ist nicht
mehr die Rede, der bleibt vorläufig bei den Acten,

wird aber später vielleicht an die Berliner Kunst=
kammer geliefert, um ihn gegen Eintrittsgeld sehen
zu lassen. Aber etwas Besseres! — den Instructions=
Richter hatten wir ja ganz vergessen."

„Ah so! Und den bringen Sie nun, in Papier
gewickelt —?"

„Dummes Zeug! Die Rückberufungsordre bringe
ich, damit Sie ihm in Siegburg nicht in die Hände
fallen. Haben Sie es nun capirt, Bester?"

„Vollständig! Das war Sache des Staatanwaltes,
in dessen Angelegenheiten ich mich nicht mische, nach=
dem ich erfahren, wohin die Thätigkeit in fremden
Departements führt."

Unter dergleichen Scherzen wurde die Rücktour
angetreten und heiter zu Ende geführt, wenigstens
bis zur Sieg, wo ich mich vom biederen Str. ver=
abschiedete. Wir blickten uns dabei gegenseitig in
die Augen und eine kurze Pause trat ein, dann
lachten wir Beide laut auf.

„Was lachen Sie denn?"

„So frage ich! — Ich kann wohl lachen, daß
mein Scherz so überaus glücklich und effectreich
durchgeführt ist. Sie aber, Aermster, thun mir
leid, denn Sie sind dabei um Ihren Orden gekommen.
Na, lassen Sie's gut sein, es kann Ihnen später nicht
fehlen," sagte K., dabei zeigte ich aufs oberste Knopf=
loch, wie der Landbaumeister vor einigen Wochen.

Da hieb der Bürgermeister auf die Pferde — fort war er. — Schön Bärbchen harrte meiner schon an der Sieg. — Wie kam sie mir doch viel schöner und liebenswürdiger vor, als heut früh! Und welche tiefe philosophische Lehre ist da wieder draus zu ziehen, daß einem alles in der Welt, selbst ein schönes Mädchen, in verschiedenem Licht erscheint, je nachdem man, die von der Gemüths= stimmung dirigirte rosa, grüne oder schwarze Brille auf der Nase hat.

Die meinige war für den Augenblick wieder rosa. — Schön Bärbchens lieblicher Blick dankte für das Fährgeld. Ihr Bild konnte ich nur bis zu den ersten Häuserreihen Siegburgs im Herzen bewahren, denn nun stieg mir am Horizonte der Freude eine neue Sonne, Laura, auf, welche ich am Morgen als jugendliche Mater dolorosa verlassen hatte.

Ach! da liegt ja schon das „Gasthaus zur Stadt Köln" vor mir! Sehe ich recht? — Ja, wahrhaftig, da öffnet sich ein Fenster und Laura schaut hinaus auf die Straße — nach mir natürlich! O, die gute Seele harret meiner! — Ich will dich trösten, die Thautropfen des Schmerzes und Kummers von deinen Wangen —? Holla! Nur nicht zu hitzig ins Geschirr gegangen! Ja, ja! Es bleibt doch wahr, daß uns ein kleines, gemeinschaftliches Ge= heimniß schnell zusammenführt und — — —

Das waren so Gedankenspäne, welche ich im Weitergehen schnitzte, bis ich deutlich gewahr wurde, daß Laura selbst jetzt den Schnitzer machte und mir mit dem weißen Taschentuch ein Willkommen, oder was es sonst bedeuten sollte, zuwinkte. Ich bekam darüber einen solchen Schrecken, daß ich stehen blieb. Dann aber bemerkte ich doch, daß sie einen Schritt zurückgetreten war und sich den Anschein gab, als ob sie Fliegen jagte. — „Ach die Weiber, die Weiber, wer ihnen vertraut 2c." — summte ich mir nach der kürzlich im Theater gehörten Melodie. Aber lernen kann man von ihnen etwas, und so zog auch ich mein Taschentuch und that, als ob mir eine Fliege auf der Nase säße, d. h. ein recht großer Brummer, der nicht früher nachläßt mit seinen Unverschämtheiten, als bis man ihm eins mit dem Peitschenstiele auf den Rüssel gibt.

Von neuem erschreckte ich und dießmal doppelt, denn einerseits bemerkte ich jetzt erst, daß mein seidenes Taschentuch die Farbe der Liebe trug, was zu Mißverständnissen führen konnte, dann aber — und das war die Hauptsache — sah ich hinter Laura die Erscheinung meines Freundes C. — Fort war mein Taschentuch. O, falscher Freund, falsche Laura! So habt ihr meine Abwesenheit benützt? An seinen wieder gerötheten Wangen erkannte ich jetzt auch, daß er nicht nur Laura, sondern sich selbst auch getröstet hatte. „Ach wie so trügerisch —!"

Nun, jedes Ding hat seine zweiunddreißig Seiten, dachte ich, und wenn ich nur die eine recht betrachte, daß mir der liebe Jüngling als Blitz= ableiter für Laura's etwaige electrischen Herzens= zuckungen zu dienen vermag, so ist das keine schlechte Seite — „Gott segne euch, Kinder!"

Mit diesem frommen Wunsche im Herzen trat ich den Beiden entgegen und wurde nun bestürmt mit einem „Na wie steht's?" nach dem anderen.

Statt aller Antwort zog ich zunächst meine Depesche und Rückzugsordre aus dem wattirten Busen.

„Hier, Fräulein Laura, thun Sie mir den Gefallen und besorgen Sie — —"

„Nicht um eine Million!" schrie sie förmlich auf und war blaß, wie der Tod. Freund C. angelte schon mit den Armen aus, um bei einer etwaigen Ohnmacht mir eine jede Mühe zu ersparen.

„Nun, nun! So hören Sie doch recht, Fräulein Laura; es ist ja eine Ordre für den Untersuchungs= richter, alle Dummheiten hier zu unterlassen und schleunigst nach Bonn zurückzukehren."

Da seufzte Laura auf mit einem „Gott sei Dank." Zwar ist er uns hier im Hause noch mit keiner Frage beschwerlich gefallen, aber ich schwebte

doch in fortwährender Angst, daß dieß jeden
Augenblick losgehen würde, seitdem er von der Post
wieder zurück ist. Aber nun erzählen Sie doch,
Herr Lieutenant, was ist das für eine Geschichte
mit dem unglückseligen Brief?"

„Schönes Kind," flüsterte ich, „das ist Staats=
geheimniß. Bringen Sie zunächst eine Flasche Wein
für uns, dann will ich Ihnen erzählen, soviel Sie
überhaupt wissen dürfen."

Schnell wie der Blitz war meine Flasche und ein
paar Gläser auf dem Präsentirteller wieder da.

„Nun?" fragte sie wieder, als eingeschenkt war.

„In Ostende sind Schiffe, mit Engländern an
Bord, gelandet," flüsterte ich ihr ins Ohr.

„Gibt's nun Krieg?" Diese Frage beantwortete
ich mit bedeutungsvollem Achselzucken und — sie
verschwand.

Jedenfalls hat sie nicht reinen Mund gehalten
und sich dadurch blamirt, denn nur so vermag ich
es mir zu erklären, daß Laura mich späterhin nicht
mehr so freundlich ansah als früher. Auch mit
v. C. hatte ich meine Last, da er mehr wissen, als
ich ihm sagen wollte.

Die dadurch hervorgerufene kleine Mißstimmung
verhinderte jedoch nicht, daß ich noch während
meines Aufenthaltes am Rhein eines schönen Tages
eine Karte erhielt, die wohl auch viele von Ihnen,

meine Herren, empfangen haben werden, mit der Aufschrift:

Als Verlobte empfehlen sich:

Laura K—.

Victor v. C—.

Wie dieß Kapitel zum Schluß gelangte, werden Sie, meine Herren, besser wissen als ich, dem es unbekannt geblieben, ob unserm Freund C. ein „Hauskreuz" verliehen worden ist, wie meinem Freund Str. ein wirklicher und veritabler Adler=orden mit mehr oder weniger Schleifen, Eichenlaub und Brillanten.

Meine Geschichte, welche Sie aus meinem Munde hören wollten, ist hiermit übrigens ebenfalls zu Ende,

Und die Moral von der Geschicht,
„Foppt keinen Bürgermeister nicht!"

Hiermit, meine Herren, nehme ich Abschied von Ihnen, denn ich muß früh schon weiter reisen. Stoßen Sie an:

„Auf frohes Wiedersehen nach abermals dreißig Jahren! — Wer lacht da?"